中国绿色债券市场发展报告(2020)

REPORT ON THE DEVELOPMENT OF CHINA GREEN BOND MARKET(2020)

史英哲　云祉婷　著

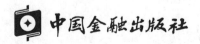

中国金融出版社

责任编辑：肖　炜　董梦雅
责任校对：李俊英
责任印制：张也男

图书在版编目（CIP）数据

中国绿色债券市场发展报告（2020）/ 史英哲，云祉婷著. —北京：中国金融出版社，2020.11
ISBN 978 - 7 - 5220 - 0923 - 0

Ⅰ.①中…　Ⅱ.①史…　②云…　Ⅲ.①债券市场—研究报告—中国—2020　Ⅳ.①F832.51

中国版本图书馆 CIP 数据核字（2020）第 232788 号

中国绿色债券市场发展报告（2020）
ZHONGGUO LÜSE ZHAIQUAN SHICHANG FAZHAN BAOGAO（2020）

出版
发行　**中国金融出版社**

社址　北京市丰台区益泽路 2 号
市场开发部　（010）66024766，63805472，63439533（传真）
网 上 书 店　http：//www.chinafph.com
　　　　　　　（010）66024766，63372837（传真）
读者服务部　（010）66070833，62568380
邮编　100071
经销　新华书店
印刷　北京市松源印刷有限公司
尺寸　169 毫米×239 毫米
印张　15.25
字数　230 千
版次　2020 年 11 月第 1 版
印次　2020 年 11 月第 1 次印刷
定价　56.00 元
ISBN 978 - 7 - 5220 - 0923 - 0
如出现印装错误本社负责调换　联系电话(010)63263947

关于本报告

中央财经大学绿色金融国际研究院
International Institute of Green Finance，IIGF

中央财经大学绿色金融国际研究院（以下简称"绿金院"）是国内首家以推动绿色金融发展为目标的开放型、国际化的研究院，2016 年 9 月由天风证券公司捐赠设立。绿金院前身为中央财经大学气候与能源金融研究中心，成立于 2011 年 9 月。绿金院的主要研究方向包括绿色金融、气候金融和能源金融，研究范围涉及地方、国家乃至国际层面的信贷、债券、保险、环境权益、环境信息披露以及风险评估领域。绿金院是中国金融学会绿色金融专业委员会的常务理事单位并与财政部建立了部委共建学术伙伴关系绿金院以营造富有绿色金融精神的经济环境和社会氛围为己任，致力于打造国内一流、世界领先的具有中国特色的金融智库。

更多绿金院信息详见：http：//iigf. cufe. edu. cn

参考引用

参考引用本报告时，请使用标题"中央财经大学绿色金融国际研究院《中国绿色债券市场发展报告（2020）》

作　者

主要作者： 史英哲　云祉婷

参与撰写： 廖子怡　谢凤泽　孙小妹　叶裕洋　刘元博　　潘晓晨
张宇轩　王 者　赵明轩　陈梓安　吉余阿衣　吴雨健
王力征　关子萱　张培涵　黄智尧　赵世语

贡　献： 雍承昊　胡若涵　苏 兰　董士萱　程宇航　杨 婷
丁 璇　陶 苗　李松霖　王晨宇　包馨水　付萱雨
窦文卓　徐泽洪　黄雨晴　高 鑫　唐梓娟　于倩文
陈泽镇　林佳泽

本书获国家社会科学基金重点项目（18AZD013）"中国绿色金融体系构建及发展实践研究"支持。

前　言

　　绿色债券是绿色金融中最受瞩目的金融工具。从规模上来讲，绿色债券并不是数量最大的，2016—2020 年总计 1 万多亿元的发行规模，远不如存量超过 10 万亿元的绿色信贷。然而，绿色债券却一直备受市场关注，究其原因是因为绿色债券的公开属性。作为证券，债券发行面向公众投资者的特性要求发行人进行更多的信息公开，乃至形成特有的信息披露制度和发行制度。丰富透明的信息披露，使得债券等证券产品更容易被公众关注，市场利用这些信息进行研究也促进了相关金融产品的可投资性。这种公众关注度有正面和反面两种社会效应。就反面效应而言，近年来一些债券的违约事件对相关行业、相关地区乃至整个信用市场都带来重大的冲击。正面效应则在绿色债券上体现得更为明显。每年 3000 亿元人民币左右的绿色债券融资虽然仅占社会融资规模的很小部分，但是"绿色"主题却引导市场和政府更加关注绿色金融，进而积极支持中国的生态文明建设。

　　自中国市场开启以来，绿色债券俨然成为绿色金融发展的一面旗帜。2016 年，中国一举成为世界最大的绿色债券发行市场，境内外总计约 2052 亿元人民币的发行规模，其中四分之三（约 1550 亿元）都是金融债。历经三年的发展，2019 年中国再次荣登全球绿色债券发行市场的榜首，这一成绩是值得庆贺的。这一年中国境内外市场绿色债券发行总规模达到 3656.14 亿元人民币，同比增长为 27.8%。其中，境内贴标绿色债券共发行 163 只，发行规模达 2438.63 亿元；境外共发行绿色债券 24 只，共计人民币 791.47 亿元；绿色资产支持证券（绿色 ABS）发行 35 单，总规模达 426.04 亿元。境内外市场实现增长的同时，结构也更加合理：绿色金融债券占比逐年降低，从 2016 年占比 76% 到现在不到 40%；绿色债券的发行数量逐年增加，发行主体也日益多元化。这些都充分体现了绿色概念在债券市场渐入人心，绿色债券发行人和投资者的队伍在日益扩大，金融支持经济绿色发展的成效显著。

　　2020 年是我们持续跟踪并研究绿色债券市场的第五个年头。作为最早一批研究绿色债券的团队，《中国绿色债券市场发展报告》从最开始主要介绍国内贴标和非贴标绿色债券市场，到逐步增加专题分析，试图更深入地为市

1

场展示中国绿色债券的成就和特点，其中包括融资成本、投资价值、绿色债券品种分类、认证机构以及承销商等。通过这几年的发展，中国绿色债券在品种创新上越来越丰富，这也意味着未来的创新空间会越来越小。另一方面，绿色债券的激励措施尚不到位，随着创新带来的声誉红利逐步退去，发行人很难保持持续发行的积极性。所以，从 2019 年开始，我们更加重视国际市场的分析，特意引进国际市场的前沿概念和创新实践，一方面希望通过借鉴国际优秀的绿色债券机制创新案例，来引导国内绿色债券从简单的品种创新到通过绿色债券发行引领机构产品或业务创新，从而实现绿色金融的可持续发展，另一方面也希望中国市场能够引领全球社会责任债券发展的潮流。如《中国绿色债券市场发展报告（2019）》中介绍了房利美（Fannie Mae）通过绿色 MBS 持续为美国市场提供建筑节能改造融资和绿色建筑开发融资，这种业务设计就非常值得中国相关的金融机构借鉴学习。

在 2020 年的发展报告中，我们重点引入了创新社会责任债券的研究。比如社会影响力债券的机制设计就非常巧妙，未来会有很大的创新空间。另外，我们也大力推荐蓝色债券以及可持续发展债券的概念。所幸的是，在本书交付出版社的时候，我们很高兴看到中国银行和兴业银行在境外先后发行两只蓝色债券，之后兴业银行帮助青岛水务集团发行了国内第一只的蓝色债券。除了国外提出的这几种创新社会责任债券之外，中国的社会责任债券也有自己的独特品种"扶贫债券"。扶贫债券自 2016 年发行以来规模近 4500 亿元，目前已经成为国内不可忽视的社会责任债券品种。鉴于此，本书对扶贫债券也进行了专门的分析。

随着 2020 年扶贫攻坚计划即将收尾，可以明显看到 2019 年以来扶贫债券发行规模的锐减。由此，我们不免担心：随着环境逐步改善特别是空气污染的显著治理，公众对环境保护的关注度有所下降，在缺乏有效激励机制的条件下，绿色债券未来是否具有可持续性。有效可持续的激励制度，绝不是通过简单的政府补贴，而是应该把环境风险或者环境效益通过制度价值化，其中绿色债券的信息披露和宣传首先应该完善和加强。希望本书以及中央财经大学绿色金融国际研究院对绿色债券的研究工作在这方面能为市场作出贡献。

史英哲

2020 年 11 月 15 日

目 录
Contents

第一章　中国绿色债券市场发展背景

　　绿色金融体系的构建与发展对于推进我国经济绿色转型，调节市场资源配置具有重要作用。其中，绿色债券作为中国绿色金融市场中政策体系最为完备、市场参与最为活跃、品种创新最为多元的融资工具，其发展既取决于宏观经济发展水平，也受到债券市场整体影响。2019 年，中国经济基本面整体向好，稳健的货币政策精准调控，市场流动性保持合理充裕，债券市场发展稳中有进。绿色债券市场依托于债券市场多头监管的模式，逐步形成了较为全面的分类标准以及差异化的发行及监管体系，为各类发行主体利用多层次资本市场满足绿色融资需求提供了政策依据。

　　本章内容安排如下：第一节为中国债券市场概况，围绕介绍我国债券市场监管机制、债券种类和投资者类型展开，并对 2019 年债券市场发展情况进行概括；第二节为中国绿色债券市场概况，包括绿色金融体系简介，绿色债券的概念及功能、政策体系及发行流程等。

第一节　中国债券市场概况

一、中国债券市场结构

（一）债券市场的多头监管机制

　　中国金融市场实行以"一行两会"（中国人民银行、中国银保监会、中国证监会）为主体的分业监管模式，目前中国债券市场主要分为银行间市场、交易所市场，此外还有全国中小企业股份转让系统（新三板）、机构间私募产品报价与服务系统和柜台债券市场，其中银行间市场和交易所市场是最主要的债券交易场所（见图 1 – 1）。

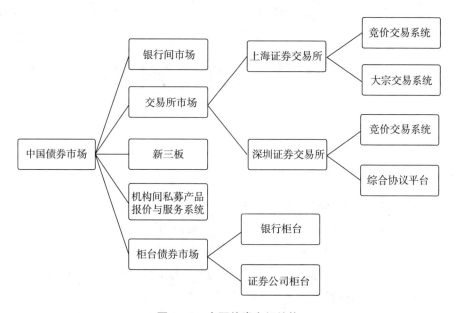

图 1 – 1　中国债券市场结构

（资料来源：根据公开资料整理）

从债券审批机构来看，人民银行和银保监会主管发行的金融债券和二级资本债券只能在银行间市场挂牌交易和进行信息披露，政策性金融债券可以跨市场发行。证监会主管的公开发行债券只能在沪深交易所或新三板上市交易和进行信息披露；证监会主管非公开发行的债券可以在包括沪深交易所、新三板、券商柜台以及机构间私募产品报价与服务系统等多个市场进行挂牌转让。财政部主管的国债和地方政府债可在银行间市场和交易所市场进行挂牌交易，其中部分国债、地方政府债及政策性银行债还可在银行柜台挂牌买卖。发改委主管的企业债可以在银行间和交易所跨市场发行与交易。

从债券登记结算和托管机构看，银行间市场的债券托管在中央国债登记结算有限责任公司（以下简称"中债登"或"中央结算公司"）和银行间市场清算股份有限公司（以下简称"上海清算所"或"上清所"）。交易所公开发行公司债券，由中国证券登记结算有限公司（以下简称"中证登"或"中国结算公司"）统一登记结算，非公开发行的公司债券还可选择证监会认可的其他机构办理，同时将登记结算数据报送中证登。跨市场国债、企业债一级托管在中债登，二级托管在中证登。国债柜台市场一级托管在中债登，二级托管在商业银行（见表 1 - 1）。

表 1 - 1　中国债券市场多头监管体系一览

债券交易场所	监管机构和债券类型	登记结算和托管机构
银行间市场	人民银行、银保监会主管债券 财政部主管国债和地方政府债 发改委主管企业债	中债登和上清所
沪深交易所、股转公司	证监会主管债券 财政部主管国债和地方政府债 发改委主管企业债	中证登
机构间私募产品报价与转让系统	证监会主管非公开发行债券	中证登及证监会认可的其他机构
券商柜台	证监会主管非公开发行债券	中证登及证监会认可的其他机构
银行柜台	财政部主管部分国债、地方政府债及人民银行主管部分政策性银行债	中债登

资料来源：根据公开资料整理。

　　为规避多头监管框架下可能导致的监管套利，逐步统一债券市场的监管从而实现市场的健康发展，2018 年 12 月，人民银行、证监会、发改委联合发布《关于进一步加强债券市场执法工作有关问题的意见》，强化监管执法，加强协同配合，建立统一的债券市场执法机制，明确规定证监会依法对银行间债券市场、交易所债券市场违法行为开展统一的执法工作，对涉及公司债券、企业债券、非金融企业债务融资工具、金融债券等各类债券品种的信息披露违法违规、内幕交易、操纵证券市场以及其他违反《证券法》的行为，可依据《证券法》有关规定进行认定和行政处罚。该政策的出台标志着债券市场向着统一监管的方向迈出了重要一步。

（二）债券市场的债券种类及发行主体

　　从信用风险的角度债券可以分为利率债和信用债。利率债包括国债、地方政府债和政策性金融债，分别由财政部、地方政府和三家政策性银行（国家开发银行、中国进出口银行和中国农业发展银行）发行。信用债则按照发行人是否为金融企业，进一步分为金融类信用债和非金融类信用债两大类。

3

金融类信用债包括商业银行、证券公司以及其他金融类机构发行的各种债券；非金融类信用债主要包括非金融企业发行的超短期或短期融资券、中期票据、集合票据、定向工具、企业债、政府支持机构债、公司债、可转债、可交换债、资产支持证券等（见表1-2）。

表1-2　中国债券市场分类及相关要素

债券属性	债券种类	发行主体	上市场所	监管机构
利率债	国债	中央政府	银行间、交易所	人民银行、财政部
	地方政府债	地方政府	银行间、交易所	人民银行、财政部
	政策性金融债	政策性银行	银行间、交易所	人民银行、银保监会
金融类信用债	商业银行债（普通债、次级债）	商业银行	银行间	人民银行、银保监会
	保险公司债	保险机构	银行间、交易所	人民银行、银保监会
	证券公司债	证券公司	交易所	证监会
	证券公司短期融资券	证券公司	银行间	人民银行、证监会
	其他金融机构债	其他金融机构	银行间、交易所	人民银行
非金融类信用债	超短期/短期融资券	具有法人资格企业	银行间	交易商协会
	中期票据	具有法人资格企业	银行间	交易商协会
	集合票据	具有法人资格企业	银行间	交易商协会
	定向工具	具有法人资格企业	银行间	交易商协会
	政府支持机构债①	汇金公司、铁路总公司	银行间、交易所	人民银行、发改委
	企业债	中国境内注册的企业（除A股和H股上市公司）	银行间、交易所	发改委
	资产支持证券	具有法人资格企业	银行间、交易所	人民银行、银保监会、证监会
	公司债	公司制法人	交易所	证监会
	可转债	上市公司	交易所	证监会
	可交换债	上市公司股份持有者	交易所	证监会

资料来源：根据公开资料整理。

---

① 专指汇金公司发行的债券及铁道债。

（三）债券市场的投资者类型

我国债券市场最主要的机构投资者为银行、基金和保险机构，其他机构和个人投资者也有参与。其中，商业银行作为我国规模最大的金融机构，资金规模大，风险偏好低，是债券市场最主要的参与方。商业银行包括国有大型商业银行（以下简称国有银行）、股份制商业银行（以下简称股份制银行）、城市商业银行（以下简称城商行）和农村商业银行（以下简称农商行），参与市场主要集中在银行间债券市场（见表1-3）。

保险公司根据经营险种的类型不同，可以分为人寿健康保险公司（以下简称寿险公司）和财产与责任保险公司（以下简称财险公司），它们是债券市场的重要投资者之一。其中寿险的险资期限较长，更多地投向长期债券。而财险的险资期限相对较短，对资金流动性要求高，更偏好于中短期债券（见表1-4）。

基金类型根据投资的方向不同，可以分为多种类型，其中货币基金和债券型基金主要投资于债券市场。货币基金对流动性要求相对较高，以投资短期债券或货币市场工具为主；债券型基金对收益率要求相对较高，因此以投资中短期债券为主（见表1-5）。

此外，证券公司、财务公司和个人投资者也是债券市场的参与者（见表1-6）。

表1-3 债券市场投资者——商业银行投资者类型

投资者类型	投资市场	可投资品种	主要投资约束	投资品种偏好	投资期限偏好
国有银行	银行间	银行间上市国债、政策性金融债、金融机构发行的金融债、短融、中票、银行间上市的企业债	1. 债券投资比例（根据存贷比等因素，年初确定年度债券投资计划） 2. 信用债投资比例（视授信情况而定）	根据资产配置需求	各期限均有配置需求，超过10年的债券配置较少
股份制银行				对信用债的投资视当地银保监局监管要求	以中短期债券为主，超过7年的债券配置较少
城商行					
农商行					

资料来源：根据公开资料整理。

5

表1-4 债券市场投资者——保险公司投资者类型

投资者类型	投资市场	可投资品种	主要投资约束	投资品种偏好	投资期限偏好
寿险公司	银行间、交易所	国债、政策性银行金融债、金融机构发行金融债、短融、中票、企业债、公司债	1. 银保监会各项规定 2. 内部风险控制 3. 内部信用评级	偏好信用债和超长期国债、金融债	偏好长期债券，（10年以上）对流动性要求不高
财险公司				偏好中短期，对流动性要求高	偏好中短期（3~7年为主）

资料来源：根据公开资料整理。

表1-5 债券市场投资者——基金投资者类型

投资者类型	投资市场	可投资品种	主要投资约束	投资品种偏好	投资期限偏好
债券型基金	银行间、交易所	国债、政策性银行金融债、金融机构发行金融债、短融、中票、企业债、公司债	1. 证监会各项规定（货币型规定较多） 2. 基金募集说明书规定 3. 公募与专户的区别	金融债央票信用债	中短期为主
货币基金					短期，不超过397天
社保、年金、专户					中长期

资料来源：根据公开资料整理。

表1-6 债券市场投资者——其他投资者类型

投资者类型	投资市场	可投资品种	主要投资约束	投资品种偏好	投资期限偏好
证券公司	银行间、交易所	国债、政策性银行金融债、金融机构发行的金融债、短融、中票、企业债、公司债	1. 证监会相关业务规范 2. 公司风控要求 3. 部门投资限制	高收益债券，尤其是信用债；对流动性要求较高	中短期
财务公司			公司风控要求	高收益债券，尤其是信用债；对流动性要求较高	中短期
个人投资者	交易所		个人投资约束	国债或者高收益债券；对流动性要求较高	中短期

资料来源：根据公开资料整理。

二、2019 年中国债券市场发展状况

2019 年，我国 GDP 全年增速为 6.1%，面对经济下行压力，我国继续实施积极的财政政策和稳健的货币政策，人民银行先后实施三次定向降准，通过货币政策工具及公开市场操作保证市场流动性合理充裕。在此背景下，2019 年我国债券发行量保持增长，存量规模稳步增长，交易结算量增幅扩大，市场流动性有所提高。

（一）债券发行情况

2019 年，中国债券市场共发行债券 4.38 万只，总发行规模为 45.3 万亿元，规模同比增长 3.1%，增速放缓。[①] 据人民银行统计，在各类债券中，同业存单发行金额最大，总计 17.95 万亿元，占债券市场发行总金额的39.73%（见表 1 - 7）。

表 1 - 7　2019 年中国各类型债券发行数量及规模统计

债券类别	发行数量（只）	数量占比（%）	发行规模（亿元）	规模占比（%）
国债	162	0.37	41641.00	9.22
地方政府债	1093	2.49	43624.27	9.65
央行票据	7	0.02	320.00	0.07
同业存单	27901	63.68	179513.93	39.73
金融债	1304	2.98	66016.40	14.61
企业债	392	0.89	3624.39	0.80
公司债	2464	5.62	25438.63	5.63
中期票据	1675	3.82	20308.10	4.49
短期融资券	3516	8.02	36254.19	8.02
超短期融资债券	3048	6.96	31427.99	6.96
定向工具	863	1.97	6181.02	1.37
国际机构债	9	0.02	135.00	0.03
政府支持机构债	18	0.04	1650.00	0.37
资产支持证券	4200	9.59	23604.77	5.22

①　资料来源：中国新闻网，www.chinanews.com.

7

债券类别	发行数量（只）	数量占比（%）	发行规模（亿元）	规模占比（%）
可转债	151	0.34	2695.19	0.60
可交换债	60	0.14	824.15	0.18
合计	43815	100.00	451831.04	100.00

资料来源：Wind 金融数据库。

注：此处采用 Wind 数据库债券一级分类进行判断。

（二）债券存量情况

截至 2019 年末，我国债券市场存量达 99.09 万亿元，同比增长 13.3%。存量债券中，金融债余额为 22.8 万亿元，占比达 23.52%；地方政府债、国债、同业存单规模占比分别为 21.75%、17.15%、11.04%。数据显示，地方政府债近几年呈现高速增长态势，同业存单保持稳步增长，国债和政策性银行债增长相对缓慢（见图 1 - 2、图 1 - 3、图 1 - 4）。

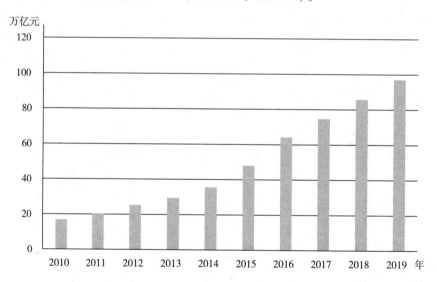

图 1 - 2　2010—2019 年中国债券市场存量统计

（资料来源：Wind 金融数据库）

8

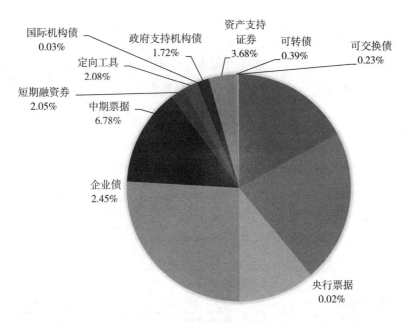

图 1 - 3　截至 2019 年末我国各类型债券存量规模占比

（资料来源：Wind 金融数据库）

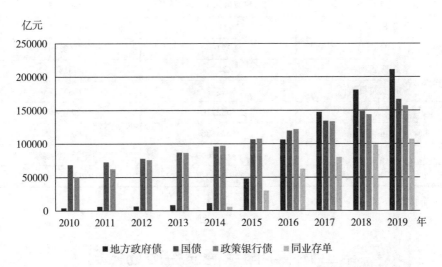

图 1 - 4　2010—2019 年地方政府债、国债、政策银行债、同业存单市场存量统计

（资料来源：Wind 金融数据库）

（三）债券交易情况

2019年，我国债券市场总成交额为213.49万亿元，同比增长42.53%，除同业存单、企业债、公司债、国际机构债年成交额有所下降以外，其他类型债券均保持增长，其中，政府支持机构债、可转债年成交额增长1倍以上（见表1-8）。

表1-8　2018年和2019年我国各类型债券成交规模统计

债券类别	2018年成交金额（亿元）	2019年成交金额（亿元）
国债	187430.52	344617.75
地方政府债	43499.29	97747.23
央票	0.00	0.00
同业存单	548633.16	498707.47
金融债	525718.33	942354.31
企业债	16117.45	13899.98
公司债	7979.36	6493.69
中期票据	73976.91	92099.25
短期融资券	70279.37	83332.15
定向工具	9321.49	15160.89
国际机构债	224.77	173.50
政府支持机构债	6035.28	17084.27
资产支持债券	3052.10	7773.94
可转债	4423.86	14198.73
可交换债	1165.66	1235.79
债券成交总额	1497857.55	2134905.15

资料来源：Wind金融数据库。

第二节　中国绿色债券市场概况

在生态文明建设总体进程之下，中国成为全球首个由政府推动并建立较为完善的绿色金融政策体系的国家。绿色金融市场在建立之初就形成了较为完善的顶层设计，并在政策体系构建、产品创新、地方实践等多个维度取得了诸多进展。在此背景下，绿色债券市场制度逐步完善，形成了绿色项目分类标准以及各类型绿色债券发行规则、监管规范。

一、中国绿色金融体系简介

中国在改革开放实现经济腾飞的同时，逐渐意识到粗放经济生产方式与资源环境承载力之间的矛盾。伴随着可持续发展理念日益深入，绿色金融应运而生。作为推动经济供给侧结构性改革的重要议题，绿色金融有效引导了更多资本投入绿色产业，对污染治理端口前移发挥了重要作用，加快了经济绿色转型和生态文明建设的步伐。

（一）绿色金融产生背景

可持续发展是全人类共同的命题。近年来，气候变暖趋势明显、自然灾害频发、资源加速枯竭，如何寻求经济发展与资源环境保护之间的平衡成为全球政府部门、社会公众和金融机构共同关注的问题。

1987 年，联合国布伦特委员会（Brundtland Commission）首次提出可持续发展理念。1992 年，在联合国环境与发展大会上通过了《环境与发展宣言》和《21 世纪议程》，确定了可持续发展和金融结合的重要性，提出发展中国家在实施可持续发展战略过程中要根据各国情况实行经济政策改革，主要涉及银行信贷、储蓄机构和金融市场的可持续发展能力。2003 年，10 家全球性金融机构发布了"赤道原则"（Equator Principles）以指导商业银行的投资项目。2005 年，联合国发起"责任投资原则计划"（Principles for Responsible Investment），强调投资者需要在投资过程中考虑环境、社会以及公司治理（Environmental, Social and Governance, ESG），可持续发展理念在全球范围不断深入。

中国作为全球第二大经济体，在搭乘改革开放快车并保持经济高速增长的同时，传统经济发展方式对自然环境和资源造成了严重破坏，考验着生态环境的承载力。经济发展方式由粗放向集约、由资源消耗型向资源节约和环境友好型转变已经成为实现高质量发展的必由之路。金融是经济的血脉，绿色金融对于推进经济绿色转型的必要性也日益凸显。

绿色金融通过综合利用各种金融工具，将更多的社会资源配置到绿色产业的发展过程中。绿色金融体系既包括顶层设计，也包括绿色信贷、绿色债券、绿色指数、绿色基金、绿色保险、碳金融等金融工具及相关制度安排。绿色金融通过相关金融产品的资产定价功能，将具备外部性的经济行为与资产价格相联系，实现经济活动的外部性内部化。此外，通过产品创新和金融服务，绿色金融有助于解决绿色投融资领域所面临的期限错配、信息不对称等问题。

（二）绿色金融体系顶层设计

中国自 2006 年起就已陆续出台有关绿色信贷、绿色债券和绿色保险三大主要领域的一系列政策性文件，成为国内绿色金融发展的早期尝试。2012 年 11 月，党的十八大将生态文明建设纳入"五位一体"总体布局，放在国家发展的突出位置。2015 年 4 月，中共中央、国务院发布《关于加快推进生态文明建设的意见》；当月，国务院发布"构建中国绿色金融体系"课题的研究报告，涵盖专业绿色投资机构的培养、财政和金融政策支持等方向，包括发展绿色债券等 14 个绿色金融相关的主题。2015 年 9 月，中共中央、国务院发布《生态文明体系改革总体方案》，首次提出建立中国绿色金融体系的顶层设计，发展绿色金融被写入"十三五"规划纲要，成为国家战略布局的重要组成部分。

2016 年 8 月，人民银行、财政部等七部委发布《关于构建绿色金融体系的指导意见》（以下简称《指导意见》），成为中国绿色金融发展的纲领性文件。《指导意见》提出要完善绿色债券的相关规章制度，统一绿色债券界定标准；支持开发绿色债券指数、绿色股票指数以及相关产品；鼓励相关金融机构以绿色指数为基础开发公募、私募基金等绿色金融产品，满足投资者需要。

2017 年 10 月 18 日，习近平总书记在党的十九大报告中指出："构建市场导向的绿色技术创新体系，发展绿色金融，壮大节能环保产业、清洁生产产业、清洁能源产业，推进能源生产和消费革命，构建清洁低碳、安全高效的能源体系。"这为大力发展绿色金融、实现绿色发展指明了方向（见图 1 - 5）。

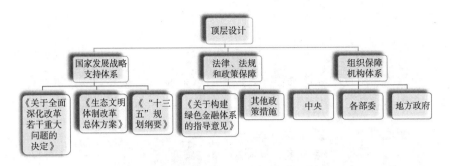

图 1 – 5　中国绿色发展体系顶层设计框架

（资料来源：中央财经大学绿色金融国际研究院）

（三）绿色金融地方实践

2017 年 6 月，国务院常务会议决定在浙江、江西、广东、贵州、新疆 5 省（区）选择部分地方，建设各有侧重、各具特色的绿色金融改革创新试验区，在体制机制上探索可复制、可推广的经验。随后，人民银行、发改委、财政部等七部委联合发布五省八区建设绿色金融改革创新试验区总体方案，包括浙江省湖州市和衢州市，广东省广州市花都区，贵州省贵安新区，江西省赣江新区，新疆维吾尔自治区哈密市、昌吉州及克拉玛依市。2019 年 11 月，人民银行等六部委发布《甘肃省兰州新区建设绿色金融改革创新试验区总体方案》，兰州新区获批成为第二批绿色金融改革创新试验区。

二、绿色债券市场简介

国内外对于绿色债券定义大致相同，即募集资金投向绿色项目的债券工具。例如，国际资本市场协会（ICMA）在其发布的《绿色债券原则》中将绿色债券定义为募集资金专项用于符合规定条件的绿色项目，或为这些项目提供再融资的各类型债券工具[①]。但在对绿色项目界定及发行流程监管上，各国或地区都会制定了本土化的相关要求。

---

① 国际资本市场协会. 绿色债券原则（2018 年版）［EB/OL］. 2019. https：//www.icmagroup. org/green – social – and – sustainability – bonds/green – bond – principles – gbp/.

（一）绿色债券的定义及作用

1. 绿色债券定义

作为债券发行的主管机构，人民银行、证监会、发改委以及银行间市场交易商协会对发行的相关绿色债券要求如图1-6所示。

《关于在银行间债券市场发行绿色金融债券有关事宜的公告》
绿色金融债券是指金融机构法人依法发行的、募集资金用于支持绿色产业并按约定本付息的有价证券

《绿色债券发行指引》
绿色债券是指募集资金主要用于支持节能减排技术改造、绿色城镇化、能源清洁高效利用、新能源开发利用、循环经济发展、水资源节约和非常规水资源开发利用、污染防治、生态农林业、节能环保产业、低碳产业、生态文明先行示范实验、低碳试点示范等绿色循环低碳发展项目的企业债券

《中国证监会关于支持绿色债券发展的指导意见》
绿色公司债券是指符合《证券法》《公司法》《公司债券发行与交易管理办法》及其他相关法律法规规定，遵循证券交易所相关业务规则要求，募集资金用于支持绿色产业项目的公司债券

《非金融企业绿色债务融资工具业务指引》
绿色债务融资工具是指境内、境外具有法人资格的非金融企业在银行间市场发行的，募集资金专项用于节能环保、污染防治、资源节约与循环利用等绿色项目的债务融资工具

图1-6　中国主要债券监管部门对绿色债券的定义

（资料来源：根据公开资料收集整理）

2. 绿色债券的作用

各国经验表明，绿色债券对绿色产业和投资者有以下几方面作用[1]。

（1）为绿色项目提供新的融资渠道。绿色项目通常从银行信贷和股权融资两种渠道获得资金。但目前由于技术相对不成熟和前期投资较大等原因，多数绿色企业投资风险较高，一些绿色企业很难从银行和投资者处获取资金支持。另外，一些绿色企业若作为普通债券发行主体，暂时无法达到监管部门和市场要求（如某些财务指标），但这些企业持有的绿色项目前景良好、受到相关部门支持、有足够现金流支持还款，则可通过发行绿色债券的方式筹集资金。

（2）为绿色项目提供更多长期融资。绿色项目建设周期相对较长，需要中长期资金支持。而在许多国家，银行由于自身债务到期日较短以及缺乏资

---

①　G20绿色金融研究小组. 2017年G20绿色金融综合报告［R］. 2017.

产负债管理能力，可提供的长期绿色信贷有限。绿色债券周期相比于绿色信贷较长，可缓解绿色项目的长期融资压力。

（3）有良好环境效益。绿色债券募集资金专门投向可再生能源、绿色建筑、污染防治等对环境具有正面影响的绿色项目，这些项目可以有效替代化石能源的使用、减少氨氮、烟气等大气污染物排放、降低二氧化碳等温室气体排放、增加绿化面积、促进污水处理及废弃物回收。

（4）可强化环境风险管理。绿色债券监管部门对绿色债券发行及存续期管理均制定了环境信息披露相关要求，这些要求可培养发行人环境风险管理意识和加强环境信息披露能力，进而有助于整个金融市场环境风险管理能力的提高。

（5）为投资者提供可长期持有的绿色资产。保险公司、养老基金、公益基金等大型机构投资者本身多具有长期、可持续的投资需求。绿色债券相比于普通债券而言，具有更加严格的信息披露要求，投资者可用低风险方式把资金投向绿色产业，以较低风险获得一定收益，同时又履行了社会责任，满足了投资者多样化的投资需求；同时，债券的可分割与可组合性，也能满足投资组合分散化需求。

（二）绿色债券市场政策体系

1. 政策体系构建

绿色债券市场开启以来，人民银行、证监会、发改委等部门发布了多项绿色债券政策，推动绿色债券市场发展。这些政策既包含规范绿色公司债、绿色企业债、绿色金融债、绿色债务融资工具以及绿色资产支持证券认定标准、发行流程的要求，也包含绿色债券存续期管理、信息披露等债券发行后事项的监管规范，还包含绿色债券发行激励措施（见图1-7、表1-9）。

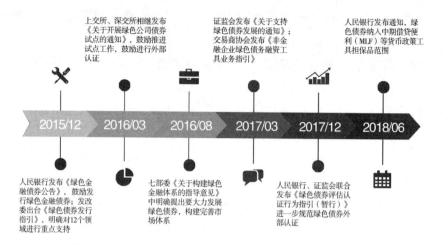

图 1 – 7　中国绿色债券市场政策体系构建主要政策文件

（资料来源：根据公开资料整理）

表 1 – 9　截至 2019 年末中国绿色债券主要政策

发行时间	政策名称	发文机构	内容概述
2015 年 12 月 12 日	《关于在银行间债券市场发行绿色金融债券有关事宜的公告》	人民银行	规定了绿色金融债券的内涵、发行主体和发行条件
2016 年 1 月 8 日	《绿色债券发行指引》	发改委	明确界定了绿色企业债券的适用范围和重点、审核要求和相关政策，标志着我国绿色债券市场的正式启动
2016 年 3 月 16 日	《关于开展绿色公司债券业务的试点的通知》	上交所	明确在现行公司债券规则框架内推进交易所市场绿色债券试点工作，对绿色债券募集资金使用的信息披露提出针对性的要求，同时鼓励由第三方专业机构进行绿色鉴别以确保债券募集资金投向绿色产业
2016 年 4 月 22 日	《关于开展绿色公司债券业务的试点的通知》	深交所	
2016 年 3 月 17 日	《中华人民共和国社会和经济发展第十三个五年规划纲要》	发改委	首次将"绿色"作为"十三五"期间的五大发展理念写入纲要，并将"加强生态文明建设"加入目标任务，强调要建立绿色金融体系，发展绿色信贷、绿色债券，设立绿色发展基金

发行时间	政策名称	发文机构	内容概述
2016 年 8 月 31 日	《关于构建绿色金融体系的指导意见》	人民银行、财政部、发改委、环保部、银监会、证监会、保监会	提出建立和完善我国统一的绿色债券界定标准，进一步明确绿色债券激励政策，推动绿色债券市场扩容，加强企业环境信息披露，首次提出对于信用评级机构开展绿色债券评级的相关要求，推动绿色债券市场的国际化进程
2017 年 3 月 2 日	《中国证监会关于支持绿色债券发展的指导意见》	证监会	提出绿色公司债券募集资金必须投向绿色产业项目，严禁以名不符实、冒用、滥用绿色项目名义套用、挪用资金；鼓励证券公司、基金管理公司、私募基金管理机构、商业银行、保险公司等市场主体及其管理的产品投资绿色公司债券，探索建立绿色投资者联盟；证券交易所研究发布绿色公司债券指数，建立和完善绿色公司债券板块；鼓励市场投资机构以绿色指数为基础开发公募、私募基金等绿色金融产品
2017 年 3 月 22 日	《非金融企业绿色债务融资工具业务指引》	交易商协会	明确规定绿色债券融资工具应用于绿色项目，强化信息披露要求，建立信息披露制度
2017 年 6 月 8 日	《金融业标准化体系建设发展规划（2016—2020 年）》	人民银行、银监会、证监会、保监会、国家标准管理委员会	绿色金融标准化位列金融业标准化体系建设五大重点工程之一，重点强调要制定绿色信贷及绿色债券的信息披露标准，制定绿色债券、绿色产业基金等绿色金融产品标准
2017 年 6 月 14 日	设立五大绿色金融改革创新试验区	人民银行、财政部、发改委、环保部、银监会、证监会、保监会	国务院常务会议决定，在浙江、江西、贵州、广东、新疆五省（区）选择部分地区，建设各有侧重、各具特色的绿色金融改革创新试验区，在机制上探索可复制、可推广的经验。各试验区陆续推出支持政策推动本地绿色信贷、绿色债券、绿色保险等金融产品的发展
2017 年 12 月 26 日	《绿色债券评估认证行为指引（暂行）》	人民银行、证监会	将 2016 年中国人民银行等七部委联合发布的《关于构建绿色金融体系的指导意见》文件中提出的目标工作予以落实，即专门成立绿色债券标准委员会，对上市公司和发债企业的强制性环境信息披露制度进行完善，并在原则上对绿色债券存续期进行评估认证

续表

发行时间	政策名称	发文机构	内容概述
2018 年 3 月 23 日	《上海证券交易所公司债券融资监督问答（一）——绿色公司债券》	上交所	绿色公司债券募集资金应当用于绿色项目建设、运营、收购或偿还绿色项目贷款等，申报发行绿色公司债券募集说明书确定用于绿色项目的金额应不低于债券募集资金总额的 70%，其余部分可以用于补充公司流动资金或偿还借款
2018 年 8 月 13 日	《上海证券交易所资产证券化业务问答（二）——绿色资产支持证券》	上交所	对绿色资产支持证券的认定标准进行了明确，满足基础资产属于绿色产业领域、转让基础资产所取得的资金用于绿色产业领域、原始权益人主营业务属于绿色产业领域三项条件之一即可认定为绿色资产支持证券
2019 年 3 月 16 日	《绿色产业指导目录（2019）》	发改委	着力壮大节能环保、清洁生产、清洁能源等绿色产业，设立绿色产业专家委员会，逐步建立绿色产业认定制，有序引入社会中介组织开展相关服务，进一步加强国际国内经验交流
2019 年 5 月 13 日	《中国人民银行关于加强绿色金融债券监督管理事宜的通知》	人民银行	加强对存续期绿色金融债券募集资金使用的监督核查，确保资金切实用于绿色发展；加强对存续期绿色金融债券违规问题的督促整改，完善动态管理机制；加强组织协调，明确工作责任，确保将绿色金融债券存续期监督管理工作落实
2019 年 5 月 13 日	《关于支持绿色金融改革创新试验区发行绿色债务融资工具的通知》	人民银行	支持试验区内企业注册发行绿色债务融资工具，鼓励试验区内企业通过注册发行定向工具、资产支持票据等不同品种的绿色债务融资工具，增加融资额度，丰富企业融资渠道

资料来源：根据公开资料整理。

2. 绿色债券分类标准

2015 年 12 月，人民银行发布由中国金融学会绿色金融专业委员会起草编制的《绿色债券支持项目目录（2015 年版）》，成为构建我国绿色债券市场的基石。该文件借鉴和比照了国际绿色债券标准，以及环保部、发改委、银保监会公布的各类与环境保护、绿色发展、新能源、绿色信贷相关的各类指引和目录，对绿色债券的审批与注册、第三方绿色债券评估、绿色债券评级和有关信息披露作出了规定，为绿色债券发行制定了官方标准。随后，发改委颁布了《绿色债券发行指引》，明确对节能减排技术改造、绿色城镇化等 12 个具体领域进行重点支持，同时在发行条件方面有了更多的突破，例如对企业债募集资金占项目总投资比例的最低要求从 60% 放宽至 80% 等。

2019 年 3 月，发改委、人民银行等七部委联合印发《绿色产业指导目录（2019 年版）》，将绿色产业分为六大类并逐一编制相关解释说明，为绿色产业分类提供统一的政策依据。

绿色标准是绿色债券乃至绿色金融的基础。2016 年以来，绿色金融债、公司债、债务融资工具、资产证券化产品参照《绿色债券支持项目目录（2015 年版）》执行，绿色企业债参照《绿色债券发行指引》执行。《绿色产业指导目录（2019 年版）》出台后，与《绿色债券支持项目目录（2015 年版）》共同构成绿色债券分类标准体系，两套标准在行业分类上存在差异。值得一提的是，2020 年 6 月，人民银行、发改委、证监会联合发布《绿色债券支持项目目录（2020 年版）》征求意见稿，分类标准有望进一步完善和统一（见图 1-8）。

图 1-8　《绿色债券支持项目目录（2015 年版）》《绿色债券发行指引》
《绿色产业指导目录（2019 年版）》支持绿色领域主要分类

（资料来源：根据公开资料整理）

3. 绿色债券发行规范

针对绿色金融债、绿色债务融资工具、绿色公司债、绿色资产证券化产品、绿色企业债这五类绿色债券市场主要品种，我国已逐步形成差异化的发行和监管体系，不同券种适用绿色债券分类标准不同，募集资金绿色投向占比、信息披露要求及外部评估认证要求也有所不同①。

在绿色债券发行的依据标准方面，除绿色企业债适用《绿色产业指导目录（2019年版）》外，其他绿色债券均适用《绿色债券支持项目目录（2015年版）》。值得一提的是，2020年6月，人民银行、发改委、证监会联合发布《绿色债券支持项目目录（2020年版）》征求意见稿，各类型绿色债券使用标准有望伴随着新标准的正式发布而统一，绿色债券标准统一工作取得重要进展。

募集资金投向方面，绿色金融债和绿色债务融资工具要求募集资金100%投向绿色产业，绿色公司债要求70%投向绿色项目，而绿色企业债仅要求50%投向绿色领域。各券种对后续信息披露的要求也不尽相同。绿色金融债要求季度披露专项账户资金使用情况，绿色债务融资工具要求每半年披露专项账户资金使用情况，绿色公司债要求每年进行后续披露，而绿色企业债则无后续绿色方面信息披露要求。在绿色债券第三方评估认证方面，除绿色企业债不需进行第三方评估认证外，其他券种均鼓励发行人聘请独立第三方对债券的绿色属性进行评估认证（见图1-9）。

图1-9　中国绿色债券主要债券品种募集资金投向比例及发行监管规范

（资料来源：根据公开资料整理）

---

① 绿色资产证券化产品由于其产品设计较复杂，且不同产品由不同部门监管，其绿色认定适用其相应监管部门的要求。

（三）绿色债券发行流程

以信用风险为分类依据，绿色债券衍生出了绿色金融债券、绿色公司债券、绿色企业债券、绿色债务融资工具、绿色资产支持证券（绿色 ABS）、绿色地方政府债券和绿色可转换债券等。尽管不同券种对应的监管政策及发行规范存在差异，但各券种的绿色债券发行流程整体较为相似（见图 1 - 10）。

图 1 - 10　中国绿色债券发行主要程序

（资料来源：中央财经大学绿色金融国际研究院）

1. 发行前准备

（1）确保发行合规，支持项目符合绿色债券分类标准

发行人在确保项目合规时，主要需满足两个条件：第一，确保发行机构满足债券发行需要遵守的所有法律法规、监管要求和财务披露条件，然后联系一个或多个投资银行作为绿色债券的承销商；第二，绿色债券拟支持项目符合《绿色债券支持项目目录（2015 年版）》或《绿色产业指导目录（2019年版）》要求。

（2）制定绿色债券框架，确定外部认证机构机制

制定绿色债券框架对绿色债券发行人而言较为关键，该框架应包含发行人定义合格绿色项目或资产类别的程序、建立符合发行人投资组合要求的项目过程、管理募集资金举措和信息披露方式。

除绿色企业债外，其他类型绿色债券均建议发行人聘请独立审查机构对其绿色债券发行框架及拟支持项目进行独立评估认证，提升绿色债券公信力和信息透明度。

（3）制订定价计划，准备相关文件

账簿管理人需要根据债券、发行人和市场条件，制定包括定价、营销和

联动计划等策略，可根据具有相近到期日的未到期债券或者基准利率，加上风险溢价和新发行溢价进行定价。

发行人应在发行前确定拟发行债券品种，并召开董事会审议债券融资方案，并公告董事会决议。发行人通常指定主承销商负责债券的准备和发行相关工作，包括协调法律要求和条款说明、营销和媒体报道、债券簿记以及预定和交付等。债券发行前，还需由会计师事务所和律师事务所出具相关审计及法律文件。此外，建议发行人提供独立评估认证相关材料。

2. 发行阶段

（1）公告发行

主承销商将针对机构投资者举办路演活动，组织召开会议，收集投资者对价格区间、投资亮点、可比公司、定价方法等问题的反馈。在营销期之后，主承销商公告绿色债券发行，向投资者征求认购意向，并在利差限定范围内为该债券的发行建立账册。其他发行详情，如发行规模和期限，也会根据发行人在营销活动期间根据收到的投资者反馈做出调整。

（2）簿记建档

债券发行方式主要包括簿记建档与招标发行两种。公司债券、企业债券、债务融资工具多采用簿记建档方式发行，即债券完成注册并由主管部门审批最终募集说明书后，开始吸收订单。订单簿记正式开启后，各账册保管人的销售团队将联系并研究他们的投资者和潜在投资者参与交易的可能性。只要订单簿还未关闭，承销团就会持续地向发行人回报订单簿的更新情况，以指导发行人进行债券定价。同时，市场参与者也会根据整个账册编制过程中接收订单的更新情况调整其订单。债券定价通常与订单总量呈负相关的关系。国债、政府债、金融债多采用招标方式发行，即在招标前发布相关公告及招标办法，向符合条件的承销商公开招标，主要包括多重价格混合式招标方式及单一价格荷兰式招标方式。

（3）定价交易

在簿记建档完成后，发行人会决定分配给每个投资者的债券认购数量和发行价格。首先，完成定价后，各方签署认购协议；其次，债券若要挂牌上市，就需要上市主管机构或相关证券交易所批准的募集说明书；最后，在交易结束时签署其余文件，债券交付给债券持有人，同时债券价款通过托管机构或结算系统汇入发行人账户。

3. 发行后阶段

（1）募集资金管理

在交易结算结束时，发行所得净额资金款项已转入专门账户或转向台账中，发行人将开始分配所筹集的资金。一方面，发行人将根据定期流动性管理实践和绿色债券框架中关于未分配募集资金管理的明确承诺，管理专用账户；另一方面，对于债券持有人，发行人需要确保定期支付利息及到期本金，付息频率多为每年或每半年。

（2）披露募集资金使用情况

为了提高透明度，绿色债券发行人应监测并定期披露募集资金分配使用情况。披露内容包括融资项目清单、项目简要概述、资金分配额度以及未分配筹集资金的使用等。发行人可通过各种潜在渠道进行披露，包括但不限于投资者信函、年度报告、可持续发展报告以及专门披露网站等。

（3）获得发行后的外部意见

绿色债券发行后，建议发行人聘请独立评估认证机构定期持续地评定和审查项目的合格性、募集资金管理和分配、环境效益等信息，出具评估认证报告或其他外部意见，并在各渠道向投资者披露。

第二章 境内贴标绿色债券市场发展概况

　　2019 年是中国绿色债券市场走过的第四年，在逐步完善的政策体系支持下，我国绿色债券市场发行总规模保持稳步增长、绿色债券品种不断创新，为中国经济绿色转型和高质量发展保驾护航。

　　2019 年，中国境内、境外市场绿色债券发行总规模再创历史新高，达到 3656.14 亿元人民币，同比增长 27.8%，发行规模位列全球第一。其中，境内贴标绿色债券共发行 163 只，发行规模达 2438.63 亿元；绿色资产支持证券（绿色 ABS）发行 35 单，总规模达 426.04 亿元；14 家中资主体共发行境外绿色债券 24 只，发行总规模合计人民币 791.47 亿元。

　　贴标绿色债券作为我国分类标准最明确、发行规则最完备、监管条例最严格的绿色金融产品之一，其发行情况、募集资金投向、区域分布等特征，对于梳理金融支持绿色产业发展整体状况，厘清现阶段发展重点难点，把握未来发展趋势具有重要意义。本章对中国贴标绿色债券市场的发行情况进行详细分析：第一节介绍绿色债券市场的基本情况；第二节分析绿色债券募集资金的投向分布；第三节介绍绿色债券的地区分布情况；第四节分析绿色债券的承销情况；第五节对绿色债券的认证及后续信息披露情况进行分析。

第一节　市场概览

　　考虑到绿色资产支持证券作为结构化产品的特殊性，本章所指"普通贴标绿色债券"均为不包括资产支持证券在内的一般绿色债券。2019 年，我国境内共发行普通贴标绿色债券 163 只，发行总规模达到 2438.63 亿元人民币。绿色债券市场呈现出参与主体更为多样、覆盖范围更为广泛、创新能动更为有力、市场实践更为丰富的特点。

一、发行规模

自2016年至今，境内已累计发行普通贴标绿色债券426只，累计发行规模已达8389.87亿元，成为当之无愧的全球绿色债券大国。近四年来，我国境内普通贴标绿色债券发行数量稳步上升，发行规模不断扩大。2019年，我国境内共发行贴标绿色债券163只，同比增长46.85%；发行总规模达2438.63亿元，同比增长17.97%（见图2-1）。

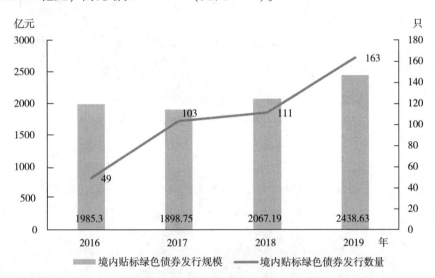

图2-1 2016—2019年中国境内普通贴标绿色债券发行情况

（资料来源：中央财经大学绿色金融国际研究院）

从发行时间来看，2019年下半年境内贴标绿色债券各月度发行金额及数量整体高于上半年。区别于往年11月为发行高峰的情况，2019年4月发行绿色债券规模最大，达463.1亿元；12月发行债券数量最多，达23只；5月和10月发行量最小，单月发行规模均不超过百亿元。总体而言，2019年各月境内贴标绿色债券的发行较2018年分布更为平均，发行规模逐月波动相对较小（见图2-2、图2-3）。

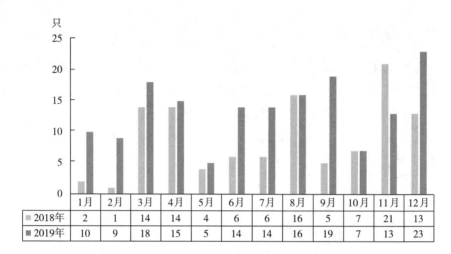

图 2 - 2　2018—2019 年普通贴标绿色债券发行数量分布

（资料来源：中央财经大学绿色金融国际研究院）

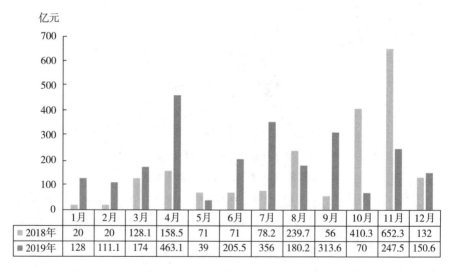

图 2 - 3　2018—2019 年各月份普通贴标绿色债券发行规模分布

（资料来源：中央财经大学绿色金融国际研究院）

二、债券类型及发行场所

2019 年我国境内共 121 家机构发行了 163 只普通贴标绿色债券，债券类型以金融债、公司债、企业债和中期票据为主，发行场所主要集中在银行间市场和上海证券交易所。

（一）债券类型

2019 年我国发行的贴标绿色债券中，公司债发行数量最多，共计 65 只，占总发行数量的 39.88%；金融债发行规模最大，共计 833.5 亿元，占总发行规模的 34.18%。地方政府债、定向工具作为新出现的贴标绿色债券种类，在 2019 年分别发行 1 只和 3 只；国际机构债连续三年发行数量为零（见表 2-1）。

表 2-1 2019 年中国境内普通贴标绿色债券品种分布

债券类别	发行数量（只）	发行数量占比（%）	发行规模（亿元）	发行规模占比（%）
金融债	31	19.02	833.5	34.18
公司债	65	39.88	794.53	32.58
企业债	39	23.93	479.6	19.67
中期票据	23	14.11	306.2	12.56
地方政府债	1	0.61	3	0.12
定向工具	3	1.84	16.8	0.69
短期融资券	1	0.61	5	0.21
总计	163	100.00	2438.63	100.00

资料来源：中央财经大学绿色金融国际研究院。

相比 2018 年，2019 年贴标绿色债券市场中绿色金融债发行规模仍居首位，但其发行规模较 2018 年下降了 35%，占比从 2018 年的 62.36% 下降至 33.90%。除金融债外，其他种类债券的发行数量和发行规模均有所增加，其中发行数量增加最多的是公司债，由 2018 年的 33 只增加到 2019 年的 65 只，涨幅达 96.97%；同时发行规模由 376.49 亿元增加到 794.53 亿元，涨幅达 111.0%。发行规模增长最多的是企业债，涨幅高达 124.4%。由此可见，实体企业发行绿色债券的积极性正在不断攀升，贴标市场主力逐步由金融机构向非金融企业转移（见图 2-4、图 2-5）。

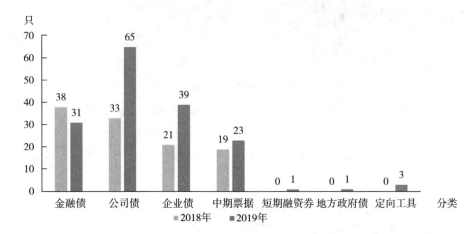

图2-4 2018—2019年中国境内普通贴标绿色债券各品种发行数量分布

（资料来源：中央财经大学绿色金融国际研究院）

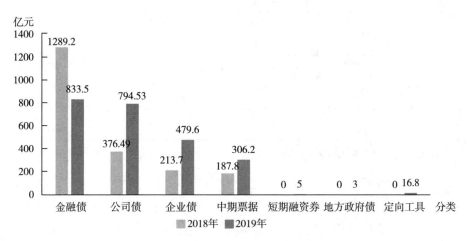

图2-5 2018—2019年中国境内普通贴标绿色债券各品种发行规模分布

（资料来源：中央财经大学绿色金融国际研究院）

（二）发行场所

境内绿色债券主要发行场所包括银行间市场、上海证券交易所、深圳证券交易所等，部分债券选择在多个市场发行。其中，银行间市场是贴标绿色债券的最主要发行场所，2019年共有98只贴标绿色债券选择在银行间市场发行（含跨市场），主要为绿色金融债，占总发行量的比重达60.12%（见表2-2）。

表 2 – 2 2019 年各发行场所贴标绿色债券发行情况统计

场所	债券数量（只）	债券数量占比（%）	发行金额（亿元）	发行金额占比（%）
跨市场	34	20.86	481.40	19.74
上交所	55	33.74	707.60	29.02
深交所	10	6.13	86.93	3.56
银行间市场	64	39.26	1162.70	47.68
总计	163	100.00	2438.63	100.00

资料来源：中央财经大学绿色金融国际研究院。

绿色公司债均在上交所或深交所发行，其中上交所 55 只，发行规模达 707.6 亿元；深交所 10 只，发行规模达 86.93 亿元。选择跨市场发行的贴标绿色债券共 34 只，发行规模达 481.4 亿元，主要由绿色企业债构成。34 只跨市场发行绿色债券中，32 只为企业债，其余 2 只分别为金融债及地方政府债（见图 2 –6）。

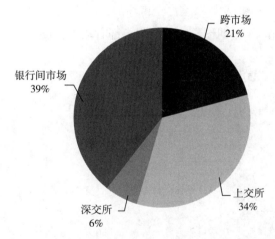

图 2 – 6 2018—2019 年中国境内普通贴标绿色债券各场所发行数量分布

（资料来源：中央财经大学绿色金融国际研究院）

三、发行期限

相比 2018 年，2019 年绿色债券在期限上更为丰富，新增 1 年期以内短期债券 2 只，新增 8 年期中期债券 1 只，分别新增 10 年期、20 年期、30 年期长期债券，数量分别为 9、3 只和 1 只（见图 2 –7）。

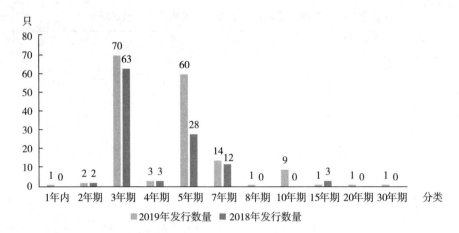

图 2 – 7　2018—2019 年中国境内普通贴标绿色债券各期限发行数量分布

（资料来源：中央财经大学绿色金融国际研究院）

其中，3 年期和 5 年期债券仍是绿色债券市场主力，二者合计发行规模占全市场的 87.22%，发行数量占全市场的 79.75%。此外，与 2018 年相比，2 年期、7 年期和 15 年期债券的发行规模都有较大幅度下降（见图 2 – 8）。

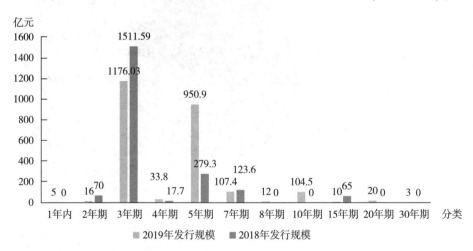

图 2 – 8　2018—2019 年中国境内普通贴标绿色债券各期限发行规模分布

（资料来源：中央财经大学绿色金融国际研究院）

具体到不同债券品种，2019 年新增了 270 天的短期融资券、期限为 20 年的企业债以及期限长达 30 年期的绿色市政债。从各品种期限分布来看，绿色金融债以 3 年期为主，发行 29 只；绿色企业债以 5 年期和 7 年期为主，共发行27只；绿色公司债以3年期和5年期为主，共发行57只；地方政府债仅发行1只30年期债券（见表2－3）。

表2－3　2018—2019年中国境内主要普通贴标绿色债券品种期限分布　单位：只

发行期限	金融债	企业债	公司债	中期票据
2 年期	0	0	2	0
3 年期	29	2	25	12
5 年期	2	15	32	10
7 年期	0	12	2	0
10 年期	0	6	3	0
15 年期	0	0	0	1
20 年期	0	1	0	0

资料来源：中央财经大学绿色金融国际研究院。

四、信用评级

2019年，未获取评级的贴标绿色债券发行数量较2018年有所增加，163只贴标绿色债券中28只债券无评级发行，规模由2018年的19亿元增加至近300亿元，占市场总额的12.0%。在获得评级的135只贴标绿色债券中，评级情况与2018年较为相似：AAA级绿色债券发行数量最多，达80只，占比为49.08%；发行规模最大，达1736.63亿元，占比为71.21%（见图2－9、图2－10）。

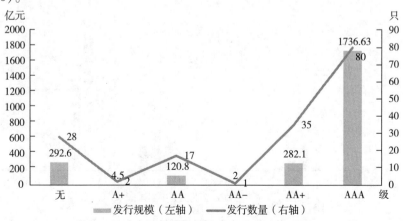

图2－9　2019年中国境内普通贴标绿色债券评级分布

（资料来源：中央财经大学绿色金融国际研究院）

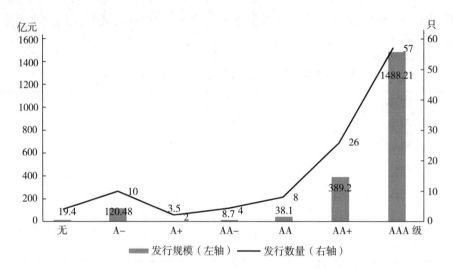

图 2 - 10　2018 年中国境内普通贴标绿色债券评级分布

（资料来源：中央财经大学绿色金融国际研究院）

从不同种类的债券评级分布可以看出，获评级的公司债、企业债以及中期票据的评级均为 AA 级及以上；金融债评级普遍较高，AA 级以下的债券仅3 只，分别是"19 四会农商绿色金融 01"（A +）、"19 邢台农商绿色金融01"（A +）与"19 颍泉农商绿色金融债"（AA -），农商行对绿色债券市场的积极参与使绿色金融债评级更为丰富（见图 2 -11）。

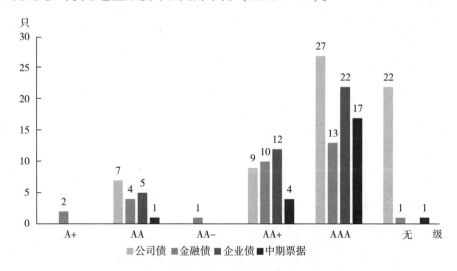

图 2 -11　2019 年中国境内主要普通贴标绿色债券品种评级分布

（资料来源：中央财经大学绿色金融国际研究院）

结合债券发行期限与评级分布来看，2019 年贴标绿色债券市场分布以中短期的高评级债券为主。发行数量最多的 3 年期和 5 年期贴标绿色债券大部分为 AA＋级以上，其中，3 年期贴标绿色债券中有 20 只 AA＋级债券和 30 只 AAA 级债券；5 年期贴标绿色债券中有 16 只 AA＋级债券和 30 只 AAA 级债券；长期债券（10 年期及以上）几乎均为 AAA 级债券（见表 2－4）。

表 2－4　2019 年中国境内普通贴标绿色债券期限评级分布

	A＋级	AA 级	AA－级	AA＋级	AAA 级	无
3 年期及以下	1	8	1	18	34	11
4～5 年期	1	5	0	8	34	15
7～8 年期	0	3	0	8	2	2
10～15 年期	0	1	0	1	8	0
20 年期及以上	0	0	0	0	2	0

资料来源：中央财经大学绿色金融国际研究院。

五、指数表现

指数作为衡量绿色债券的市场指标，具有组成多样性、价格代表性和发展指导性等特点，是反映绿色债券投资价值的直观表现。本节通过国内绿色债券指数与普通债券指数的比较，来展示贴标绿色债券的投资价值。

绿色债券指数表现稳健，回报率优于整体水平。2017 年 3 月 20 日，中央财经大学绿色金融国际研究院推出了首只在中国和欧洲两地同步发布行情的中国绿色债券指数"中财—国证绿色债券指数"，包括高等级绿色债券、高等级贴标绿色债券、高等级非贴标绿色债券等 9 条指数，通过深交所与卢森堡交易所同步揭示行情。为更直观地获取我国绿色债券的投资收益表现，本书选取中财—国证高等级绿色债券指数、中债—综合财富指数，从指数收益率走势和风险特征判断我国绿色债券收益情况。债券指数的涨幅对于度量绿色债券的投资价值具有重要参考性，对 2019 年中国境内贴标绿色债券的价格走势进行分析，发现中财—国证高等级绿色债券指数全年实现稳步增长，年涨幅为 4.74%，略高于同时期中债—综合财富指数 4.41% 的涨幅（见图 2－12）。

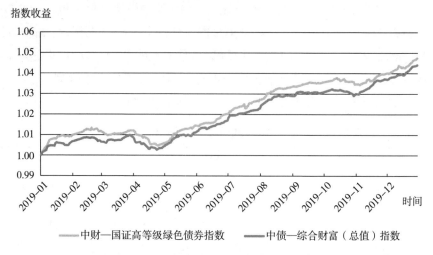

图 2 - 12　2019 年中财—国证高等级绿色债券指数与中债—综合财富指数走势

（资料来源：Wind 金融数据库，中央财经大学绿色金融国际研究院）

第二节　募集资金用途

本节将以《绿色债券支持项目目录（2015 年版）》（以下简称《目录》）
的一级和二级分类为依据，对 2019 年境内贴标绿色债券的募集资金用途进行
分析。

一、募集资金投向（按照《目录》一级分类）

根据中国金融学会绿色金融专业委员会发布的《绿色债券支持项目目录
（2015 年版）》，绿色债券的募集资金用途的一级分类包括：节能（GB1）、污
染防治（GB2）、资源节约与循环利用（GB3）、清洁交通（GB4）、清洁能源
（GB5）、生态保护和适应气候变化（GB6）六大类。需要说明的是，绿色金
融债在发行前将储备拟投资的绿色项目，大多覆盖多个领域，但实际投向仅
能在发行后明确具体用途，需要根据后续披露的信息进行确定，因此将其归
入"投向多种用途"类别。

从发行数量来看，2019 年共有 47 只贴标绿色债券将募集资金投向多种
用途，相比 2018 年有所下降，包括 31 只绿色金融债，总发行规模达 833.5

亿元；16 只非金融绿色债券，总发行规模达 137.7 亿元。单一类别投向的 116 只贴标绿色债券中，投向清洁交通领域的绿色债券最多为 29 只，较 2018 年的 15 只，从数量和占比上都有大幅增长；投向污染防治的绿色债券数量为 24 只，位列第二，较 2018 年的 7 只增长明显；投向生态保护和适应气候变化领域、资源节约与循环利用领域的绿色债券较前一年有所增长，但占比相对较少（见图 2 –13、表 2 –5、图 2 –14）。

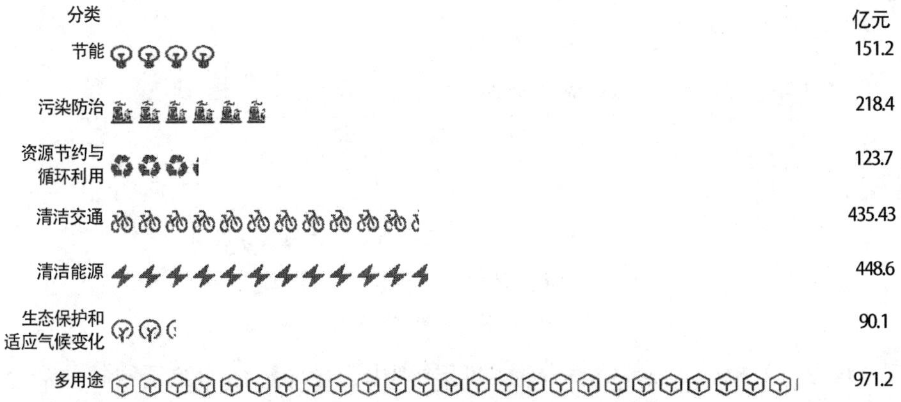

分类		亿元
节能		151.2
污染防治		218.4
资源节约与循环利用		123.7
清洁交通		435.43
清洁能源		448.6
生态保护和适应气候变化		90.1
多用途		971.2

图 2 –13 2019 年境内普通贴标绿色债券募集资金投向分布（按照《目录》一级分类）

（资料来源：中央财经大学绿色金融国际研究院）

表 2 –5 2019 年境内普通贴标绿色债券募集资金投向（按照《目录》一级分类）

一级分类	绿色债券发行金额（亿元）	绿色债券发行数量（只）
GB1：节能	151.2	18
GB2：污染防治	218.4	24
GB3：资源节约与循环利用	123.7	12
GB4：清洁交通	435.43	29
GB5：清洁能源	448.6	22
GB6：生态保护和适应气候变化	90.1	11
投向多种用途（含金融债）	971.2（833.5）	47（31）
合计	2438.63	163

资料来源：中央财经大学绿色金融国际研究院。

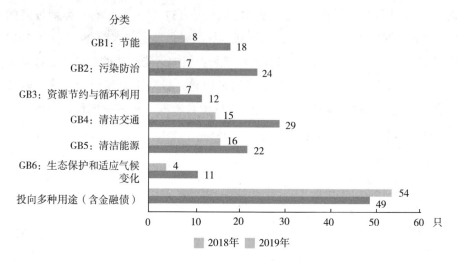

图 2 - 14　2018—2019 年境内普通贴标绿色债券投向

各分类数量（按照《目录》一级分类）

（资料来源：中央财经大学绿色金融国际研究院）

　　从发行规模来看，在六大绿色项目类别中，投向清洁能源领域的债券金额占比位列首位，总发行金额达 448.6 亿元，占比为 18.25%，同比增长近两倍；投向清洁交通领域的绿色债券比例位居第二，总发行金额达 435.43 亿元，占比为 17.71%；投向污染防治、节能、资源节约与循环利用及生态保护和适应气候变化领域的绿色债券发行金额占比均低于 10%。从发行金额的同比增幅来看，投向六大绿色项目类别的绿色债券金额均较 2018 年有所增长。其中，同比增幅位居前两位的分别为污染防治和节能领域，增幅分别为 173.73% 和 147.41%（见图 2 - 15、图 2 - 16）。

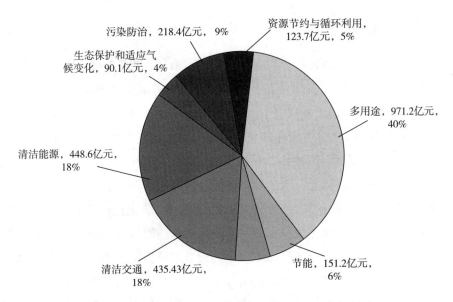

图 2－15　2019 年境内普通贴标绿色债券投向各分类规模占比

（按照《目录》一级分类）

（资料来源：中央财经大学绿色金融国际研究院）

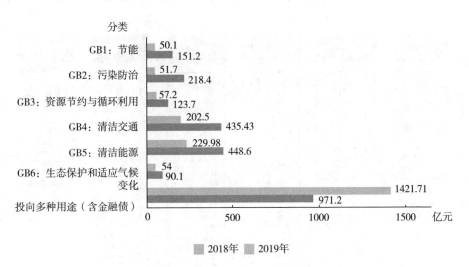

图 2－16　2018—2019 年境内普通贴标绿色债券投向各分类规模

（按照《目录》一级分类）

（资料来源：中央财经大学绿色金融国际研究院）

二、募集资金投向（按照《目录》二级分类）

对于绿色债券的募集资金用途，不同券种有不同的发行规定，对于发行量最大的绿色金融债以及绿色债务融资工具，要求募集资金投向100%绿色项目；公司债要求至少为70%；企业债则要求至少为50%。从整体来看，2019年我国发行贴标绿色债券募集的2438.63亿元资金中，实际有2114.24亿元投向了符合《目录》规定的项目，占比高达86.70%。

在一级分类的基础上，绿金委将绿色债券的募集资金用途细分为31个二级分类，相比于一级分类，二级分类更为直观地反映绿色债券募集资金投向具体项目，同时展示绿色债券在募集资金投向的透明度。2019年，发行的境内贴标绿色债券实际发行额达2114.24亿元，绿色投资额的募集资金用途二级分类的投向情况总体表现为绿色债券支持项目广泛，绿色金融债与非金融绿色债券侧重点有所不同。由于与实体企业不同，绿色金融债能够较好地反映金融机构投资于各类绿色产业的情况，本书将绿色金融债与其他绿色债券分开论述，分别反映金融机构和实体经济在绿色债券产业投向上的分布情况（见图2-17）。

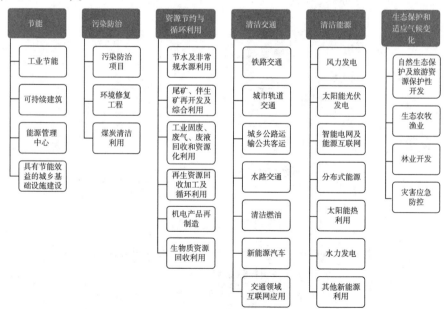

图2-17 《绿色债券支持项目目录（2015年版）》二级分类对应绿色项目情况

（一）绿色金融债

金融债发行人会在发行前准备足额的、涉及多个领域的绿色项目库，在发行后进行逐笔投入，并于每季度发布募集资金使用情况报告，公示已经投资的项目分类以及未投资余额的保管情况。2019 年发行的 833.5 亿元全部用于绿色项目，截至 2019 年末有 534.08 亿元尚未投资（其中 250.5 亿元于第四季度发行，截至撰稿时未到第一次募集资金披露期），已发生实际投资的 299.42 亿元按照项目分类如图 2–18 所示。在 31 个二级分类项目中，绿色金融债实际参与了 26 类项目的投资，其中以城市污水处理、固废处理为主的污染防治项目投资金额居首位，共投资 72.41 亿元；以地铁建设为主的城市轨道交通位列第二，投资额 40.55 亿元。其中，投向污染防治、城市轨道交通项目的总金额在已发生实际投资中占比超 1/3。

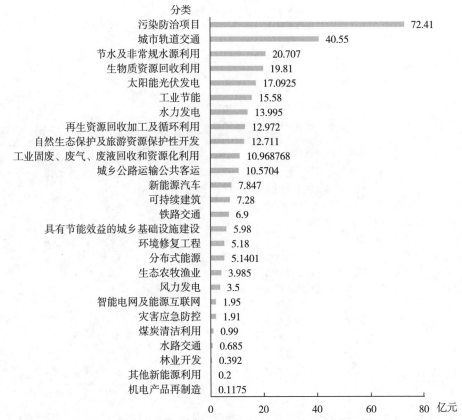

图 2–18 2019 年境内绿色金融债券投向各分类规模（按照《目录》二级分类）

（资料来源：中央财经大学绿色金融国际研究院）

（二）其他绿色债券

相比之下，非金融企业绿色债券的募集资金用途具有明显差异，总体表现为主要投向清洁能源（水力发电、风力发电）、节能、（工业节能）清洁交通（城市轨道交通、铁路交通）及污染防治领域。2019 年，公司债、企业债、债务融资工具等非金融机构发行的绿色债券总计 1605.13 亿元，其中 1274.64 亿元投向绿色领域，占总金额的 79.78%。而在所有投向绿色产业的资金中，投向水力发电的资金达 301.70 亿元，占比最高，达 23.67%；城市轨道交通领域次之，占比为 21.33%；投向工业节能与污染防治领域的金额均接近百亿元（见图 2 - 19）。

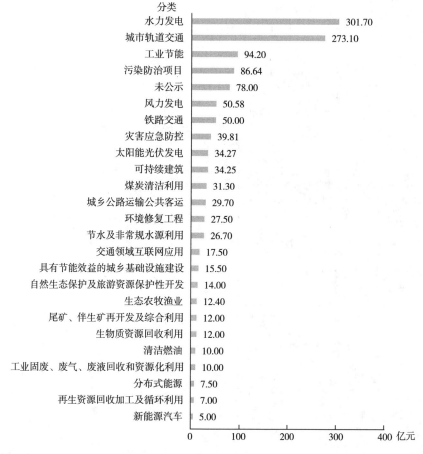

图 2 - 19　2019 年境内非金融企业绿色债券投向各分类规模（按照《目录》二级分类）

（资料来源：中央财经大学绿色金融国际研究院）

第三节　地区分布

由于各地方在资源环境禀赋、经济发展情况、债券市场参与度、绿色债券配套激励措施等方面存在差异，贴标绿色债券的地区分布情况差异明显。本节将对2019年各地发行绿色债券的情况进行分析总结，体现各地参与绿色债券市场的积极性及市场发展情况。

一、地区分布情况分析

以发行人注册地省份作为地区分布的参考对象，统计贴标绿色债券的地区分布情况，除香港和澳门特别行政区外，2019年共有个24个省（自治区、直辖市）参与绿色债券发行，从发行数量来看，北京市和浙江省分别发行了22只绿色债券，共同居于全国首位，分别占全国总数量的13.33%；广东省与山东省位居第二，分别发行了19只绿色债券。从发行金额来看，2019年北京市发行规模最大，以612亿元的发行量位列全国第一，占境内发行总量的近1/4，广东、江苏、山东、福建四省发行规模也都超过了200亿元（见图2-20、图2-21、图2-22）。

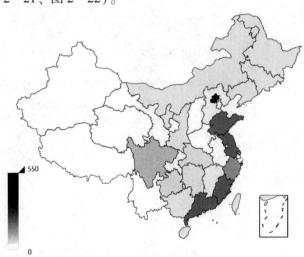

图2-20　2019年境内普通贴标绿色债券发行规模热力分布

（资料来源：中央财经大学绿色金融国际研究院）

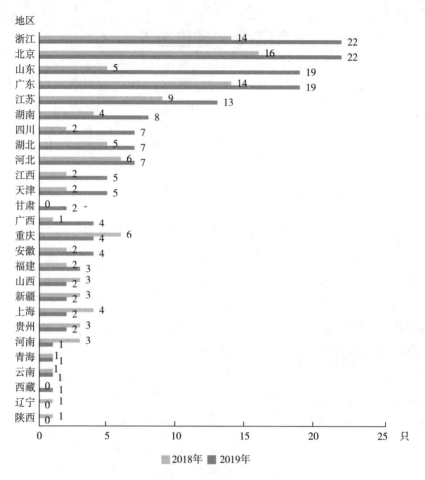

图 2 – 21　2018—2019 年境内普通贴标绿色债券发行数量地区分布

（资料来源：中央财经大学绿色金融国际研究院）

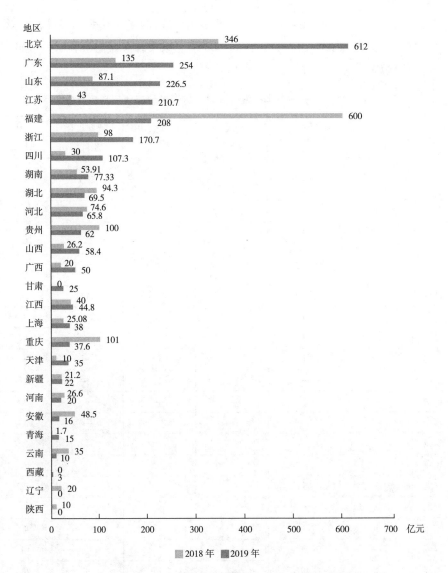

图 2-22　2018—2019 年境内普通贴标绿色债券发行规模地区分布

（资料来源：中央财经大学绿色金融国际研究院）

　　2019 年各地绿色债券发行数量和发行规模同比大多有所提升，其中山东省增长尤为明显。山东省 2018 年发行 5 只绿色债券，总金额达 87.1 亿元，2019 年发行 19 只绿色债券，总金额达 226.5 亿元，同比增长 2.6 倍。从整体规模来看，北京市在绿色债券市场的表现始终最为突出，2018 年发行 16 只贴标绿色债券总金额为 346 亿元，2019 年发行 22 只贴标绿色债券总金额达

612 亿元。这一方面受益于央企总部大多位于北京的区位优势，22 只贴标绿
色债券中 17 只为央企发行；另一方面体现了北京市绿色金融意识较强，政策
传导效应较好（见表 2 - 6）。

表 2 - 6 2019 年各地各类型发行人发行普通贴标绿色债券数量分布

地区	中央国有企业（只）	地方国有企业（只）	民营企业（只）	公众企业（只）	地方政府（只）	总计（只）
北京	17	2	3	—	—	22
青海	—	1	—	—	—	1
云南	—	1	—	—	—	1
广西	—	4	—	—	—	4
新疆	1	1	—	—	—	2
四川	—	7	—	—	—	7
江西	—	4	—	—	1	5
安徽	—	4	—	—	—	4
湖南	1	7	—	—	—	8
福建	—	1	1	1	—	3
上海	1	—	—	1	—	2
山西	—	2	—	—	—	2
河南	—	—	—	1	—	1
贵州	—	1	—	1	—	2
山东	—	16	2	1	—	19
湖北	2	5	—	—	—	7
河北	2	4	—	1	—	7
重庆	1	3	—	—	—	4
江苏	—	11	1	1	—	13
浙江	1	19	1	1	—	22
广东	—	17	2	—	—	19
甘肃	—	2	—	—	—	2
西藏	—	1	—	—	—	1
天津	5	—	—	—	—	5
总计	31	113	10	8	1	163

资料来源：中央财经大学绿色金融国际研究院。

2017 年至 2019 年，北京、广东、湖北、江苏、江西、山东、上海、新疆、云南和浙江等 10 个地区连续三年发行绿色债券；截至 2019 年还没有发行过贴标绿色债券的省份包括宁夏和吉林。

二、地区分布情况（不含央企）

考虑到央企包括大型国有银行的特殊性和总部集中效应，本书将专门针对非央企发行的绿色债券进行分析，希望以此来展现各个地区在绿色债券发行方面的积极性和成果。

2019 年，非央企主体共发行 134 只绿色债券，发行规模达到 1765.63 亿元。从各地发行规模来看，广东省发行总量为 254 亿元，市场占比由剔除央企前的 10.33% 上升到 14.39%，位居全国第一；山东省、江苏省、福建省分别以 226.5 亿元、210.7 亿元、208 亿元的发行总量紧随其后。从发行数量来看，浙江省共发行 21 只绿色债券，排名第一；广东省和山东省分别发行 19 只贴标绿色债券，并列第二。在北京市 2019 年发行的 22 只贴标绿色债券中，仅有 5 只由非央企主体发行，总金额仅为 52 亿元，市场占比由剔除央企前的 24.89% 下降至 2.95%（见图 2 - 23）。

与 2018 年相比，2019 年非央企主体发行贴标绿色债券规模进一步上升，除北京外其他省份贴标绿色债券大多由非央企主体发行。其中，广东、浙江、江苏、山东四个省份发行数量分别从上年的 14 只、13 只、9 只和 5 只上升为 19 只、21 只、13 只和 19 只，发行金额分别从上年的 135 亿元、96 亿元、43 亿元和 87.1 亿元上升为 226.5 亿元、165.7 亿元、210.7 亿元和 226.5 亿元，体现了上述省份在绿色债券发行方面的积极努力和成果。兴业银行作为国内首家赤道银行，在绿色金融领域较早开启市场实践，尽管发行金额由 2018 年的 600 亿元下降为 208 亿元，但仍是福建省最主要的发行人（见图 2 - 24）。

剔除中央国有企业之后，地方国有企业在各地区的发行主体中占主要地位，地方国有企业共计发行 116 只贴标绿色债券，山东、浙江、广东三个省份的地方国有企业均发行超过 15 只；民营企业共发行 10 只贴标绿色债券；公众企业共计发行 8 只绿色债券；地方政府发行 1 只绿色市政专项债。

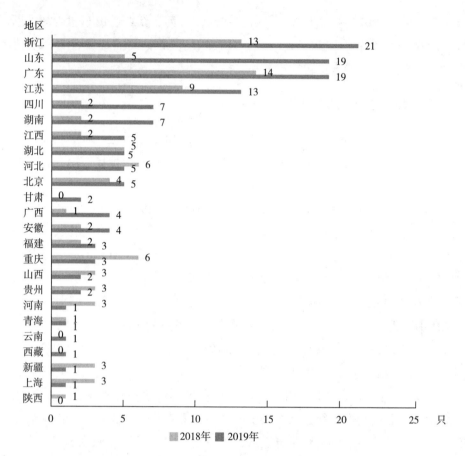

图 2 - 23　2018—2019 年境内普通贴标绿色债券发行数量地区分布（不含央企）

（资料来源：中央财经大学绿色金融国际研究院）

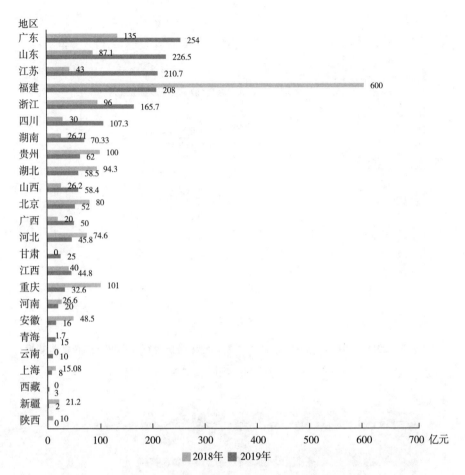

图 2-24 2018—2019 年境内普通贴标绿色债券发行规模地区分布（不含央企）

（资料来源：中央财经大学绿色金融国际研究院）

三、绿色金融改革创新试验区发行情况

绿色金融改革创新试验区在绿色债券发行及产品创新方面表现良好，本书针对六大省级试验区，即浙江、广东、贵州、江西、新疆、甘肃发行绿色债券情况进行分析。

综合发行数量和规模来看，相比于 2018 年，六个试验区绿色债券发行规模总体有所提升。其中，广东省和浙江省发行情况最好，发行数量分别从 2018 年的 14 只分别上升至 19 只和 22 只；甘肃省作为 2019 年新增的试验区，也从

2018 年的发行数量 0 只上升为 2 只，发行金额达 25 亿元；江西省发行规模及数量均有所提升；贵州和新疆发行数量有所回落（见图 2－25、图 2－26）。

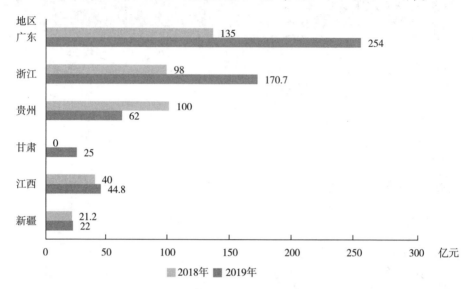

图 2－25　2018—2019 年绿色金融改革创新试验区省份发行普通贴标绿色债券规模

（资料来源：中央财经大学绿色金融国际研究院）

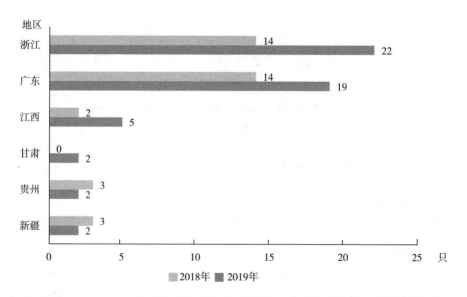

图 2－26　2018—2019 年绿色金融改革创新试验区省份发行普通贴标绿色债券数量

（资料来源：中央财经大学绿色金融国际研究院）

广东省侧重发展绿色金融市场，广州市政府发布《广东省广州市建设绿色金融改革创新实验区实施细则》，提出培育发展绿色金融组织体系、创新发展绿色金融产品和服务等举措，指出要支持试验区内企业发行绿色企业债券、交易所绿色公司债券和非金融企业绿色债务融资工具，支持试验区内企业发行中小型企业绿色集合债等方针。近两年广东省绿色债券发行规模一直居于试验区首位，2019 年共发行 19 只，规模达 254 亿元的贴标绿色债券，其中有 5 只投向清洁交通领域，3 只投向资源节约与循环利用领域，2 只投向清洁能源领域，2 只投向污染防治领域，2 只投向节能领域。

浙江省两个试点城市重点探索"绿水青山就是金山银山"在金融方面的实现机制，2019 年浙江省共发行 22 只贴标绿色债券，总计 170.7 亿元，其中有 9 只投向污染防治领域，1 只投向资源节约与循环利用领域，2 只投向清洁交通领域，2 只投向节能领域，发行规模和投向领域都比上一年有所改善。

贵州省森林覆盖率超过 50%，但是生态环境较为脆弱，具有较高的修复成本，主要探索如何避免再走"先污染后治理"的老路，利用良好的绿色资源发展绿色金融机制，构建绿色发展方式。但其绿色债券市场总体发展情况有待提高，贵州省在 2019 年发行了 2 只贴标绿色金融债券，总规模达 62 亿元，与 2018 年相比有所下降。

江西省 2019 年发行国内首单绿色市政专项债，在丰富国内绿色债券品种方面实现重要创新。2019 年江西省共发行 5 只绿色债券，发行规模达 44.8 亿元，相比 2018 年增速较低。

新疆维吾尔自治区作为"丝绸之路经济带"核心区，相比于 2018 年发行 3 只，规模达 21.2 亿元的贴标绿色债券，2019 年新疆只发行了 2 只，规模达 22 亿元的贴标绿色债券，证明绿色债券市场仍需进一步发展。

甘肃省地处黄土高原，是黄河、长江的重要水源涵养区，是"两屏三带"生态安全屏障的重要组成部分，生态地位十分重要。兰州新区将通过未来五年的努力，着力建立绿色金融支持产业绿色转型发展框架，构建绿色金融组织体系，加快绿色金融产品和服务方式创新。2019 年，甘肃省共发行了 2 只贴标绿色债券，发行金额达 25 亿元，均为甘肃省地方国有企业发行。

第四节　承销情况

承销商积极参与绿色债券，对于推广责任投资理念、提高市场绿色投资意识具有重要意义。近年来，承销商是债券发行中最重要的中介机构，应具备相应资质并参与债券发行前辅导、文件准备、备案、路演、定价、配售及信息披露等各环节工作，不仅是推动绿色债券发行及销售的重要载体，更是绿色债券市场重要的"信息生产者"和"信用中介"。本节主要对2019年金融机构承销普通贴标绿色债券情况进行梳理，对银行业、证券业承销情况进行专题分析。

一、承销情况综述

本节拟对普通贴标绿色债券（不含ABS）承销整体情况、银行业及证券业承销情况以及部分优秀承销商进行分析。因为贴标绿色债券发行人大多在发行前组建承销团，由多家承销商联合承销，所以进行以下处理：各承销商按其在各单绿色债券中的实际承销金额 M_1 统计承销总额，按每只债券实际承销金额 M_1 占该债券总发行额 M 的比值 M_1/M 统计承销数量。

（一）整体承销情况综述

2019年共计有75家金融机构参与普通贴标绿色债券（不含ABS）承销，同比增长为13.64%，其市场积极性可见一斑。绿色债券承销商包括22家银行及53家证券公司，证券公司承销绿色债券规模占比达63.3%，承销数量占比达77.9%，整体高于银行。其中，海通证券以13.1只、171.18亿元的绿色债券总承销业绩位居全国首位（见图2-27、图2-28）。

名称

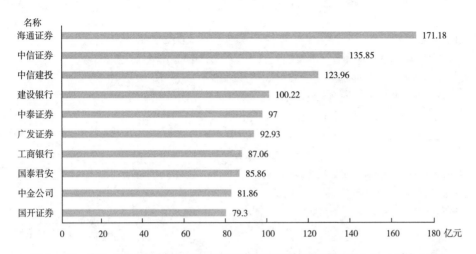

图 2 – 27　**2019 年全市场金融机构承销普通贴标绿色债券规模前十名（不含 ABS）**

（资料来源：中央财经大学绿色金融国际研究院）

名称

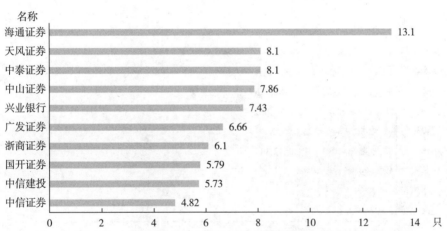

图 2 – 28　**2019 年全市场金融机构承销普通贴标绿色债券数量前十名（不含 ABS）**

（资料来源：中央财经大学绿色金融国际研究院）

（二）银行业承销排名

从银行业承销情况来看，22 家银行中，建设银行承销绿色债券规模合计约为 100.22 亿元、工商银行约为 87.06 亿元、农业银行约为 76.05 亿元，分列银行业绿色债券承销规模前三位；债券数量上，兴业银行承销绿色债券合计约 7.43 只、南京银行 4.67 只、工商银行约 3 只，分列承销数量前三位（见图 2 – 29、图 2 – 30）。

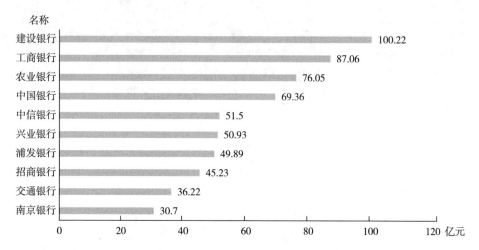

图 2－29　2019 年银行业金融机构承销普通贴标绿色债券规模前十名（不含 ABS）

（资料来源：中央财经大学绿色金融国际研究院）

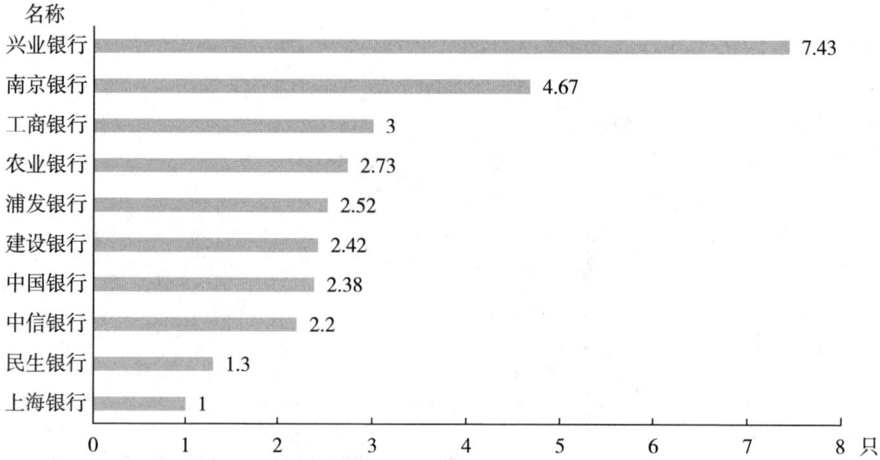

图 2－30　2019 年银行业金融机构承销普通贴标绿色债券数量前十名（不含 ABS）

（资料来源：中央财经大学绿色金融国际研究院）

（三）证券业承销排名

2018 年，证监会发布《关于支持绿色债券发展的指导意见》，提出由中国证券业协会定期发布"绿色债券公益榜"，将券商承销绿色公司债券情况进行公布，鼓励证券公司参与绿色债券承销业务。从证券公司承销绿色债券情况来看，53 家券商中，海通证券共计承销规模约为 171.18 亿元、中信证券 135.85 亿元、中信建投 123.96 亿元，位列绿色债券承销规模前三位；海通证券共计约承销 13.1 只债券、中泰证券 8.1 只、天风证券 8.1 只，分列承销数量前三位（见图 2 - 31、图 2 - 32）。

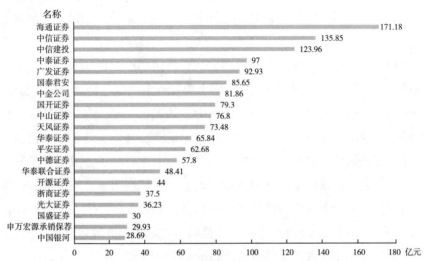

图 2 - 31　2019 年证券公司承销普通贴标绿色债券规模前二十名（不含 ABS）

（资料来源：中央财经大学绿色金融国际研究院）

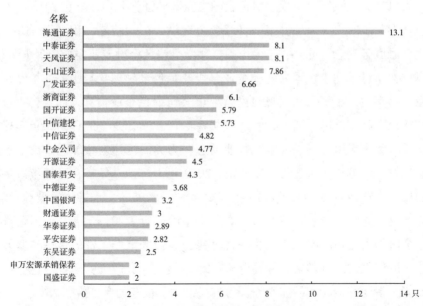

图 2 - 32　2019 年证券公司承销普通贴标绿色债券数量前二十名（不含 ABS）

（资料来源：中央财经大学绿色金融国际研究院）

二、承销商绿色金融业务创新案例简介

1. 兴业银行

兴业银行作为国内绿色金融的先行者、中国首家赤道银行，较早成立了专门的绿色金融部门，并构建了自上而下的绿色金融体系：在董事会层面，兴业银行成立了社会责任工作领导小组；在集团层面，设立集团绿色金融专项推动小组；在总行层面，绿色金融部主要负责集团绿色金融业务产品创设、营销推动和品牌建设以及具体事项的统筹、协调、联动；在分行层面，设立分行绿色金融部或相应的专营机构，配置专职产品经理。目前，兴业银行绿色金融专业团队共有数百人，从公司内部结构上为其绿色金融业务发展打下了坚实的基础。在绿色债券承销领域，兴业银行持续引领市场发展，先后推出国内银行间及交易所市场首单融资租赁绿色债券、银行间债券市场首单"三绿"资产支持票据，联合中债公司推出"中债—兴业绿色债券指数"等，银行间市场绿色债务融资工具承销金额连续两年位列市场首位。

2. 天风证券

天风证券是我国最早成立绿色金融事业部的证券公司。早在 2016 年我国绿色债券起步时，天风证券就已将绿色金融纳入公司战略，积极倡导并实践绿色金融服务理念。此外，作为中国金融学会绿色金融专业委员会理事单位，天风证券通过长期走访国内各类企业，普及绿色金融理念与服务，推动绿色金融项目落地，承销了我国首只民营上市公司绿色企业债券。而且，天风证券在绿色金融领域具备研究优势，其构建的产、学、研全流程的绿色金融发展体系有利于天风证券长期紧跟行业动态，为券商构建新型绿色金融业态起到了良好的示范作用。值得一提的是，2019 年天风证券凭借在可持续发展方面的成功实践与经验，荣获 2019 年《财经》长青奖——可持续发展绿色奖。作为绿色理念的倡导者和传播者、绿色金融的先行者和推动者，天风证券将绿色金融纳入公司战略，积极利用自身在企业债券市场丰富的承销经验及对绿色金融政策的深刻理解，构建起包括绿色债券、资产证券化、绿色企业投融资等一系列的金融产品和服务，为市场提供了很好的借鉴依据。

3. 海通证券

海通证券在绿色债券承销方面实践较早，曾承销多个国内"首单"绿色

债券，包括2016年1月承销国内首只绿色金融债"16浦发绿色金融债01"、2016年4月承销国内首只绿色企业债券"16京汽绿色债券"。

4. 中信证券

中信证券近年来参与较多绿色债券承销工作，对众多民生工程及"一带一路"倡议形成有力支持。中信证券曾多次担任长江三峡集团绿色债券的主承销商及联席主承销商，曾获2017年度中债绿色债券指数成分券优秀承销机构奖、2017年度上交所绿色公司债券优秀参与机构等多项荣誉，体现了其优秀的承销能力及对绿色债券领域的积极探索。

第五节　评估认证

绿色债券作为具备正外部性的金融工具，为保证其募集资金按规定投向绿色项目，规避信息不对称问题，防范"漂绿"风险，需要引入独立机构提供外部评估认证意见，以此提高透明度和公信力。尽管未形成强制要求，但大多数监管机构均鼓励绿色债券发行人聘请第三方机构进行评估认证，以此对其发行债券的"绿色"属性提供外部保证。绿色债券发行后，发行人需根据相关规定定期披露募集资金实际用途以及未投放资金的保管情况，鼓励进行存续期评估认证。

一、评估认证概述

国际资本市场协会发布的《绿色债券原则》提出，建议发行人通过外部审核机构确认其绿色债券或绿色债券计划对标《绿色债券原则》中提出的四个核心要素，即募集资金用途、项目评估与遴选流程、募集资金管理和报告。发行人在筹备绿色债券发行流程时可借鉴多种渠道的外部意见，并向市场提供不同层次和类型的审核内容，主要包括第二方意见、验证、第三方认证、绿色债券评分/评级。

在参考借鉴《绿色债券原则》等文件的基础上，我国绿色债券评估认证政策体系逐步完善。中国的各类绿色债券发行指引，除绿色企业债之外，都鼓励发行者提供绿色债券的外部审核与评估。

2017年12月，人民银行、证监会联合发布《绿色债券评估认证行为指引（暂行）》，其成为我国第一份针对绿色债券评估认证工作的规范性文件，主要内容包括：（1）专门成立绿色债券标准委员会，统筹各机构的自律管理，并开展行业监督、机构市场化评议、机构业务审查等工作，牵头研究制定契合市场需求的操作细则；（2）强化行业监督，确认评估认证机构需要承担的责任，并明确发行人和评估认证机构的惩罚机制；（3）设置了评估认证机构的准入门槛和资质要求，将提高评估认证业务的专业性、公信力和权威性；（4）从技术层面对绿色债券评估认证的主要内容、评估认证方式作出了相关规定；（5）对业务承接、业务实施和报告出具三个环节进行了详细的规范和要求，统一了绿色评估认证业务流程的基本要求；（6）原则上推动绿色债券跟踪期认证，进一步完善存续期内的信息披露，充分保障绿色债券的绿色属性（见表2－7）。

表2－7　中国主要绿色债券评估认证政策

政策名称	发布单位	相关政策概述
关于在银行间债券市场发行绿色金融债券有关事宜公告	人民银行	鼓励绿色金融债券发行人在发行前提供独立的评估认证机构出具的评估认证意见；在存续期内，向市场披露独立的评估认证机构出具的评估报告，对所支持绿色项目发展及环境效益进行跟踪评估
关于开展绿色公司债券业务试点的通知	上交所、深交所	鼓励绿色公司债券发行人在发行前提供独立的评估认证机构出具的评估认证意见；在存续期内，向市场披露独立的评估认证机构出具的评估报告，对所支持绿色项目发展及环境效益进行跟踪评估
关于构建绿色金融体系的指导意见	人民银行、发改委等七部委	规范第三方认证机构对绿色债券评估的质量要求；鼓励机构投资者在进行投资决策时参考绿色评估报告；信用评级机构在信用评级报告中单独披露发行人的绿色信用记录
非金融企业绿色债务融资工具业务指引	交易商协会	鼓励第三方认证机构对企业发行的绿色债务融资工具进行评估，出具评估意见并披露相关信息；在评估结论中披露债务融资工具绿色程度，并对所支持绿色项目发展及环境效益进行跟踪评估
中国证监会关于支持绿色债券发展的指导意见	证监会	绿色公司债券申报前及存续期内，鼓励发行人提交由独立专业评估或认证机构就募集资金拟投资项目属于绿色产业项目所出具的评估意见或认证报告

56

政策名称	发布单位	相关政策概述
绿色债券评估认证行为指引（暂行）	人民银行、证监会	对绿色金融债、绿色公司债、绿色债务融资工具、绿色资产支持证券及其他绿色债券产品的评估认证过程进行规范。包括评估认证机构资质要求、业务承接、评估实施流程、报告出具和监督管理等方面
上海证券交易所公司债券融资监管问答（一）——绿色公司债券	上交所	对于符合《绿色债券支持项目目录》及经本所认可的相关机构认定的绿色项目，申报发行时可不聘请独立的评估认证机构，发行人在募集说明书中进行相关信息披露并由承销机构出具核查意见即可；上述范围之外投资者不容易识别的绿色项目，应聘请独立评估认证机构出具评估意见
上海证券交易所资产证券化业务问答（二）——绿色资产支持证券	上交所	绿色资产支持证券第三方评估认证事项参照《上海证券交易所公司债券融资监管问答（一）——绿色公司债券》的相关要求执行

资料来源：根据公开资料整理。

二、评估认证情况

2019 年发行的 163 只普通绿色贴标债券（不含绿色资产支持证券和境外发行绿色债券）中，有 101 只债券进行了外部评估认证，占比达 62%。无第三方认证评估的 62 只绿色债券中，企业债占 38 只，这与国家发改委未明确鼓励或要求绿色企业债发行进行评估认证有关。

2019 年进行认证的 101 只贴标绿色债券在第三方评估认证机构中，中诚信和联合赤道的评估认证数量排名并名列前两位，分别认证 19、18 只绿色债券。但从发行金额来看，安永则遥遥领先，规模达到 614.1 亿元（见图 2 - 33）。

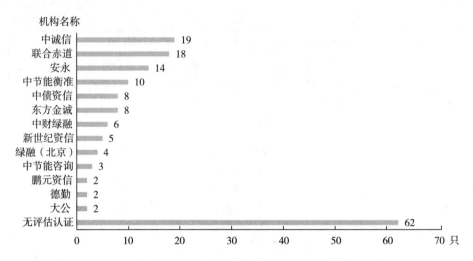

图 2 – 33　2019 年各评估认证机构认证普通贴标债券数量（不含 ABS）

（资料来源：中央财经大学绿色金融国际研究院）

　　按照债券类别来看，各类型贴标绿色债券中，绿色金融债进行评估认证的比例最高，31 只绿色金融债全部进行了外部认证；其次为绿色债务融资工具，超过 8 成债券进行了外部认证；绿色公司债评估认证比例近 7 成。值得关注的是，2019 年江西省赣江新区发行的绿色市政专项债券作为首单绿色专项债进行了评估认证，为后续市场实践起到了良好的示范作用（见表2 – 8）。

表 2 – 8　2019 年各类型普通贴标债券评估认证比例（不含 ABS）

债券类型	发行数量（只）	评估认证数量（只）	评估认证比例（%）
绿色金融债	31	31	100.00
绿色债务融资工具	27	23	85.19
绿色公司债	65	45	69.23
绿色企业债	39	1	2.56
绿色地方政府专项债	1	1	100.00
总计	163	101	62.0

资料来源：中央财经大学绿色金融国际研究院。

第三章 境内贴标绿色债券
券种专题分析

中国贴标绿色债券市场在保持高速发展的同时，也在绿色债券品种丰富与产品创新方面取得了诸多进展。2019 年，我国在绿色金融债券、绿色公司债券、绿色企业债券、绿色债务融资工具四个主要品种的基础上，发行了首单绿色市政债券，发行主体更为丰富。

本章对我国主要绿色债券品种进行介绍，可以更清晰地展示绿色债券市场结构和特点。本章第一节聚焦绿色金融债券；第二节介绍绿色公司债券；第三节介绍绿色企业债券；第四节介绍绿色债务融资工具；第五节介绍绿色市政债券。

第一节　绿色金融债券①

绿色金融债券指金融机构法人依法发行的、募集资金用于支持绿色产业并按约定还本付息的有价证券。金融机构法人包括开发性银行、政策性银行、商业银行、企业集团财务公司及其他依法设立的金融机构。绿色金融债券在绿色债券市场中占有较大的比例，对于绿色债券市场的发展有着重要作用。绿色金融债券属于实体经济的非直接融资方式，是由金融企业募集到资金之后再对绿色项目或企业进行资金投放，所以它的信息披露和资金用途保证是非常有必要的。绿色金融债券比普通金融债券在信息披露方面有着更高的要求，不仅鼓励发行人聘请第三方专业机构对所发行的绿色金融债券进行评估或认证，同时债券存续期间还要披露募集资金使用情况、实施持续跟踪评估。

在本节中，我们将绿色金融债券的分析分为：政策性银行绿色债券、商

---

① 云祉婷．2019 年度境内绿色金融债券发展情况分析 ［EB/OL］．2019．http：// iigf. cufe. edu. cn/article/content. html？id＝2098.

业银行绿色债券和非银行机构绿色债券，方便进行更加细化的分析。

一、市场概况

如图 3-1 所示，2019 年国内市场绿色金融债券总发行规模为 833.5 亿元，较 2018 年的 1289.2 亿元减少了 35.35%。从数量上看，2019 年共发行了 31 只绿色金融债券，已经连续三年呈下降趋势。

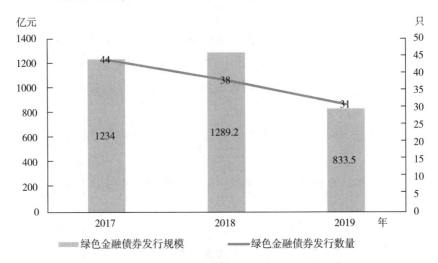

图 3-1　2017—2019 年境内绿色金融债券发行数量及发行规模

（资料来源：中央财经大学绿色金融国际研究院）

如图 3-2 所示，在 2019 年绿色金融债券各类型中，商业银行债券占比最高，共发行 26 只，发行规模达 673.5 亿元；政策性金融债券共 1 只，发行总额为 100 亿元；而其他金融机构共发行 4 只，总规模为 60 亿元。

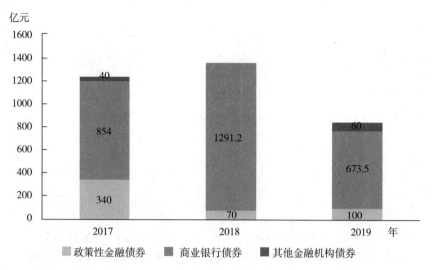

图 3 – 2　2017—2019 年境内各类型绿色金融债券发行规模

（资料来源：中央财经大学绿色金融国际研究院）

二、政策性银行

我国政策性银行包括国家开发银行、中国进出口银行和中国农业发展银行。政策性银行绿色债券是指由我国政策性银行发行，募集资金将依据适用法律和监管部门的批准，全部或主要投放于中国金融学会绿色金融专业委员会发布的《绿色债券支持项目目录》规定的绿色产业项目债券。

截至 2019 年末，三家政策性银行共发行了 13 只政策性银行绿色债券，发行规模累计达 580 亿元。2019 年共发行 1 只政策性金融债券，由国家开发银行发行，发行规模为 100 亿元。

区别于商业银行，政策性银行以贯彻政府的经济政策为目标。因此，政策性银行的绿色债券募集资金投向与国家政策导向关系较为密切。下文通过对三大政策性银行历年绿色债券发行情况和募集资金投向进行分析，进一步阐述政策性银行在绿色债券市场发展进程中扮演的角色和发挥的作用。

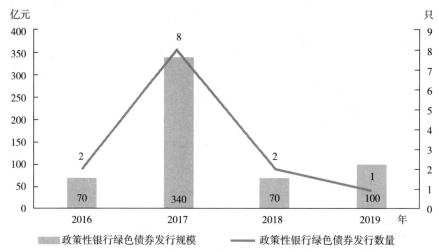

图 3 – 3　2016—2019 年境内政策性银行绿色金融债券发行数量及发行规模

（资料来源：中央财经大学绿色金融国际研究院）

（一）中国进出口银行

中国进出口银行是我国最早发行贴标绿色债券的政策性银行。其于 2016 年 12 月和 2017 年 12 月各发行了 1 只绿色金融债券，分别为"16 进出绿色债 01"和"17 进出绿色债 01"，两只债券募集资金共计 30 亿元。截至 2019 年末，"16 进出绿色债 01"及"17 进出绿色债 01"所募集的 30 亿元已全部投放完毕，分别投向湖南省、湖北省、江苏省以及贵州省的绿色项目，详细情况如表 3 – 1 所示。

表 3 – 1　截至 2019 年末中国进出口银行绿色金融债券募集资金投向情况

项目名称	累计投放金额（亿元）	投放余额（亿元）	GB 二级分类
湖南湘潭市竹埠港工业园易家坪片区土壤污染综合治理工程项目	3	3	2.2 环境修复工程
湖北荆门年产 25 万立方米秸秆生态板项目	3.14	0	3.6 生物质资源
贵州开阳高寒 40MW 风电项目	0.2	0.133	5.1 风力发电
贵州铁路交通设施建设运营项目	20	20	4.1 铁路交通
江苏连云港浦南生态农业光伏并网发电项目	3.66	2.727	5.2 光伏发电
合计	30	25.86	

资料来源：中央财经大学绿色金融国际研究院。

根据披露的针对上述绿色债券的存续期跟踪评估报告，进出口银行通过发行绿色债券投资绿色项目产生的环境效益明显：湘潭市土壤修复项目修复了55.92万平方米的重金属污染土壤，修复了2.6万立方米的有机污染物污染土壤；湖北荆门市秸秆再利用项目完成19万立方米的秸秆生态板，处理秸秆7.68万吨；贵州开阳风电项目2019年节约标准煤1.88万吨，减排二氧化碳5.13万吨；江苏连云港光伏发电项目2019年节约标准煤4.4万吨，减排二氧化碳9.86万吨；贵州铁路交通设施建设项目2019年可间接节能约14万吨标准煤，减排二氧化碳39万吨。

（二）中国农业发展银行

中国农业发展银行主要承担我国农业政策性金融业务，截至2019年末，中国农业发展银行在境内累计发行了5只绿色金融债券（含1只续发债券和2只增发债券），募集资金达200亿元，目前实际已投放资金达211.51亿元（含部分项目还款后再投放金额）。其投资的82个绿色项目，覆盖《绿色债券支持项目目录（2015年版）》六项一级分类中污染防治、资源节约与循环利用、清洁能源、生态保护和适应气候变化四大类别。

在中国农业发展银行已投放资金中，有74.78%用于生态保护和适应气候变化领域，其中用于林业开发的项目最多，达27项，总投资金额为82.86亿元，占全部募集资金的39.18%，充分体现了中国农业发展银行的政策定位和资金投向侧重（见表3-2）。

表3-2　2016—2019年中国农业发展银行发行绿色金融债券一览

证券代码	债券简称	发行起始日	发行规模（亿元）	发行期限（年）	票面利率（%）
160422. IB	16农发绿债22	2016/12/21	60	3	3.79
160422Z. IB	16农发绿债22（增发）	2017/02/27	40	3	3.79
091718001. IB	17农发绿债01	2017/11/16	30	2	4.48
091718001Z01. IB	17农发绿债01（增发1）	2018/04/26	40	2	4.48
091718001Z02. IB	17农发绿债01（增发2）	2018/06/28	30	2	4.48

资料来源：中央财经大学绿色金融国际研究院。

值得一提的是，尽管2019年中国农业发展银行未在境内发行绿色金融债券，但其于 10 月 30 日在境外市场发行了首单政策性银行"粤港澳大湾区"主题绿色金融债券，该债券为 3 年期固定利率债券，发行规模达 25 亿元人民币，发行利率为 3.18%，较当日境内同期限品种收益率水平低 9 个基点，"点心债"品种进一步丰富。该债券符合国内及国际绿色债券标准，由香港品质保证局出具发行前的评估认证报告，募集资金将主要投放于中国农业发展银行广东省分行有关绿色信贷项目，助力"粤港澳大湾区"的环境保护和生态修复。

（三）国家开发银行

在三大政策性银行中，国家开发银行是发行绿色债券最晚，但却是发行总规模最大的政策性银行。截至 2019 年末，国家开发银行累计发行 6 只绿色金融债券，总计募集资金 350 亿元。2019 年之前发行的 5 只绿色金融债券所募集的 250 亿元已全部投放于四大类 85 个绿色项目中。与中国农业发展银行侧重于林业开发不同，国家开发银行将 87.45 亿元（占比为 34.98%）的资金投放于污染防治项目，共计 51 个项目，覆盖 16 个省（自治区、直辖市）。其产生的环境效益也相当可观，据测算，仅部分项目的环境收益预计相当于削减化学需氧量 17.68 万吨，削减氨氮需氧量 6706.6 吨（见表 3－3）。

表 3－3　2016—2019 年国家开发银行发行绿色金融债券一览

证券代码	债券简称	发行起始日	发行规模（亿元）	发行期限（年）	票面利率（%）
1702001. IB	17 国开绿债 01	2017/02/21	50	5	3.86
1702002. IB	17 国开绿债 02	2017/04/27	50	5	4.19
1702002Z. IB	17 国开绿债 02（增发）	2017/06/08	50	5	4.19
1702003. IB	17 国开绿债 03	2017/09/12	50	3	4.19
1702003Z. IB	17 国开绿债 03（增发）	2017/11/21	50	3	4.19
1902001. IB	19 国开绿债 01	2019/11/12	100	3	3.10

资料来源：中央财经大学绿色金融国际研究院。

其中，2019 年国家开发银行发行的绿色债券"19 国开绿债 01"为全国首单可持续发展专题"债券通"绿色金融债券，同时也是首只在柜台债券市场销售的可持续债券。其募集资金将用于支持重庆市林业生态建设暨国家储备林项目等专项支持长江大保护及绿色发展的绿色项目。此外，由于柜台市场面向公众投资者，投资门槛较低，能较好地满足个人及中小机构投资者对于低风险产品的需求，有助于提升广大投资者绿色投资意识，推动绿色债券市场进一步发展。

三、商业银行

商业银行绿色金融债券是绿色金融债市场的重要组成部分。其四年累计发行金额占绿色金融债券累计总规模的 86.14%。2016 年至 2019 年，商业银行绿色债券发行规模分别占当年发行绿色金融债券总规模的 95%、69.02%、95% 和 80.80%，其重要性不言而喻。

（一）发行总量

从发行数量来看，2019 年发行了 26 只商业银行绿色金融债券，同比下降 13.89%，结束了此前连续三年的上升趋势。从发行规模来看，2016 年至 2019 年四年间起伏明显。2016 年是中国绿色债券元年，商业银行绿色金融债券发行规模达 1480 亿元，也是四年间发行规模最大的年份。2019 年发行规模为 673.5 亿元，同比下降 44.76%，同时也是四年间发行规模最小的年份（见图 3–4）。

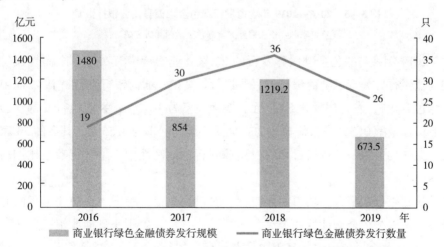

图 3–4　2016—2019 年境内商业银行发行绿色金融债券数量及规模

（资料来源：中央财经大学绿色金融国际研究院）

（二）发行主体及评级分布

2019 年，共有 22 家商业银行参与绿色金融债券发行，机构数量同比下降 26.67%。具体来说，杭州联合农村商业银行、上饶银行、广西北部湾银行、柳州银行均各发行 2 只绿色金融债券，其余 18 家商业银行各发行 1 只绿色金融债券（见图 3－5）。

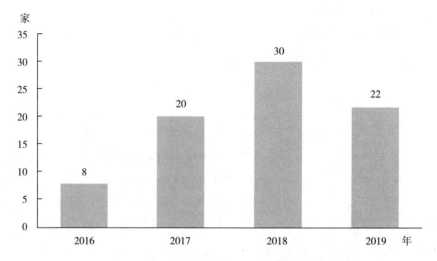

图 3－5 2016—2019 年境内发行绿色金融债券商业银行数量
（资料来源：中央财经大学绿色金融国际研究院）

2019 年参与绿色金融债券发行的 22 家商业银行中有 2 家为全国性股份制商业银行，分别是浙商银行和兴业银行。其中，浙商银行发行"19 浙商银行绿色金融"，发行规模达 50 亿元，票面利率为 3.42%；兴业银行发行"19 兴业绿色金融01"，发行规模达 200 亿元，票面利率为 3.55%。其余的 20 家发行主体均为城市商业银行和农村商业银行，地区性中小型银行参与比例高达 90.91%。

从评级分布来看，城市商业银行、农村商业银行等中小型商业银行的充分参与使得绿色金融债券评级更为丰富。其中，20 家中小型商业银行所发行的 24 只绿色金融债券中，阜阳颍泉农村商业银行发行了首单评级为 AA－级的绿色金融债券"19 颍泉农商绿色金融债"；广东四会农村商业银行、河北邢台农村商业银行所发行了 2 只评级为 A＋级的绿色金融债券。

表 3 – 4   2019 年境内商业银行发行绿色金融债券债项评级分布

债项评级	发行规模（亿元）	发行数量（只）
AAA 级	520	9
AA + 级	107	10
AA 级	40	4
AA – 级	2	1
A + 级	4.5	2
总计	673.5	26

资料来源：中央财经大学绿色金融国际研究院。

（三）政策建议

在金融服务实体经济发展的背景下，商业银行，特别是中小型银行由于对地方经济发展状况和优势产业更为了解，具备可以有的放矢地支持地方实体经济发展的先发优势。在此背景下，笔者提出以下几点建议以促进绿色金融债券市场进一步发展。

第一，提升绿色货币政策和宏观审慎监管体系的调节作用。目前，我国已有24家全国系统重要性银行的绿色金融执业情况纳入宏观审慎考核体系，人民银行在2020年经济工作会议中提出，将加快完善宏观审慎管理框架，逐步扩大审慎政策覆盖领域，未来应进一步扩大绿色金融在 MPA 考核中的比重。此外，人民银行已将绿色资产纳入中期借贷便利（MLF）、常备借贷便利（SLF）、抵押补充贷款（PSL）和信贷政策支持再贷款等货币政策工具的合格担保品范围，未来应进一步发挥货币政策在绿色资产中的调节作用，盘活绿色信贷，满足绿色债券发行需求。

第二，在不扩大信用风险敞口的前提下，通过监管激励引导市场创新。银保监会鼓励发行绿色信贷资产证券化的政策指引，为商业银行充分进行产品创新创造了良好的政策环境。目前，我国商业银行持有绿色信贷规模已超过10万亿元，但其发行绿色债券的总规模仅维持在千亿元的水平。商业银行投放绿色信贷的资金来源主要来自银行股东股本、个人和企业的客户负债以及同业拆借资金等普通信贷集资方式，在绿色信贷规模持续增长，绿色融资需求不断扩张的背景下，绿色信贷资金来源是商业银行进一步发展绿色金融业务亟须解决的问题。同时，商业银行持有的大量绿色信贷需要盘活，提升资产流动性，在此背景下，应鼓励商业银行进一步加强创新，通过绿色信贷资产证券化盘活绿色信贷资产，提升绿色资产的流动性。

第三，探索降低商业银行持有绿色资产的风险权重。目前商业银行配置国债、政策性金融债等主权类信用债券，风险权重为0%，期限3个月以内的金融债、同业存单等银行类信用债券的风险权重为20%，期限超过3个月的风险权重为25%，企业类信用债券的风险权重为100%。监管部门对小微企业贷款已有专项鼓励措施：对符合国家规定的微型和小型企业认定标准的企业债权，风险权重为75%。绿色债券发行主体规模通常较大，风险相对小微企业更低。因此，可以比照小微企业贷款的专项政策，对金融机构持有的绿色债券，允许按照较低的权重计算风险资产和计提风险准备，从而增加绿色债券的配置价值。通过提升投资者对绿色债券的投资热情，进而降低发行成本，提高发行人发行绿色债券的积极性。

第四，推行ESG理念，使金融机构更好地履行社会责任并提高内部治理能力。环境、社会及公司治理（ESG）理念在金融机构层面的贯彻与执行对于长期引导经济绿色转型、间接改善市场主体行为而言十分关键。目前，众多商业银行已经开始每年披露社会责任履行情况，对于当年参与扶贫等国家重大战略情况、企业绿色金融产品发行及绿色信贷投放情况等进行披露。未来应进一步加强和完善金融机构在履行社会责任方面的信息披露，扩大披露范围，并针对其社会责任履行情况进行进一步考核。

四、非银行金融机构

非银行金融机构指经"一行两会"批准成立的，除政策性银行和商业银行以外的所有金融机构，主要包括基金、信托、证券、保险、融资租赁等机构以及财务公司等。非银行金融机构参与绿色金融债券市场程度整体较低，仅在2017年和2019年有非银行金融机构绿色债券发行，2016年和2018年均无发行债券。2017年，非银行金融机构发行了6只绿色债券，发行规模为40亿元，占当年绿色金融债发行总规模的3.24%；2019年，非银行金融机构发行了4只绿色债券，发行规模为60亿元，均由金融租赁企业发行，占当年绿色金融债券发行总规模的7.20%，远低于当年政策性银行和商业银行的发行规模（见图3-6）。

图 3-6　2016—2019 年国内非银金融机构绿色金融债券发行情况

(资料来源：中央财经大学绿色金融国际研究院)

(一) 金融租赁企业绿色债券发行背景

融资租赁是指出租人根据承租人对出卖人、租赁物的选择，向出卖人购买租赁物提供给承租人使用，并由承租人支付租金的业务模式。在此模式下，出租人将与出租资产所有权的所有风险和报酬转移给承租人。融资租赁兼具融资与融物属性，在拉动社会投资、加速技术进步、促进消费增长以及完善金融市场、优化融资结构、降低金融风险方面具有独特优势。

融资租赁公司可分为金融租赁及商业租赁两类，2018 年 5 月后均由银保监会监管，租赁行业债券发行人以金融租赁企业为主，商业租赁企业发行较少。近两年，相关监管政策适时更新，对融资企业业务范围、经营规则等提出了更加明确的要求，为租赁公司规范化发展提供了法律保障。针对金融租赁企业，2020 年 3 月，银保监发布新版《非银行金融机构行政许可事项实施办法》，适度提高金融租赁公司发起人的持续盈利能力、权益性投资余额占比等财务指标要求，对金融租赁企业的注册、分支机构设立、信息变更等程序进行了简化。

租赁行业兼具融资与融物属性，具有高杠杆、资金期限错配等特征，需要持续稳定的融资来偿还债务和发展业务。融资租赁行业对于绿色金融市场发展具有重要作用，当前国内租赁公司主要融资渠道仍是期限较短的银行贷款，而绿色债券期限相对较长，与租赁公司业务期限更为匹配，有望在进一步的发展中更好地发挥自身优势。

第一，绿色融资租赁潜在需求较大。国务院发展研究中心报告指出，2015—2020 年每年的绿色投资需求可达 2.9 万亿元，其中约 2 万亿元需要绿色金融提供租赁支持。目前租赁行业参与绿色金融市场程度有待提高，潜在的融资规模为其提供了发展空间。

第二，融资租赁行业属性与实体经济绿色转型高度契合。我国绿色产业及项目存在前期资金短缺、融资需求大、对设备技术要求高、投资回报周期长等特点，因此其具有充足的可租赁物和稳定可预期的现金流。融资租赁行业本身具备融资融物的双重属性，有助于纾解项目启动期的设备和资金困难问题，保证标的项目顺利运行。同时租赁物期限普遍较长，能够较好地匹配绿色项目的长期性，在一定程度上解决期限错配问题，降低流动性风险。

第三，发行绿色债券为金融租赁公司提供了新的融资渠道。目前我国的融资租赁企业普遍依赖银行信贷，且运营成本中融资利息占较大比重。大部分品种的绿色债券在发行时会获得一定的减税降费，发行程序较为简便。因此，发行绿色债券可以在一定程度上降低融资租赁企业的运营成本，有效改善企业的财务费用结构。

（二）金融租赁企业发行绿色债券情况及募集资金投向

2019 年共有 3 家非银行金融机构参与发行绿色债券，且均为金融租赁企业。其中，江苏金融租赁股份有限公司发行 2 只绿色金融债券，农银金融租赁有限公司和长城国兴金融租赁有限公司各发行 1 只绿色金融债券（见表3－5）。

表 3－5　2019 年非银行金融机构绿色金融债发行一览

证券代码	债券简称	发行起始日	发行规模（亿元）	期限（年）	债券评级	主体评级	票面利率（％）
1922015.IB	19 江苏租赁债 01	2019 年4 月 9 日	5	5	AAA 级	AAA 级	4.12
1922016.IB	19 江苏租赁债 02	2019 年4 月 9 日	5	3	AAA 级	AAA 级	3.70

证券代码	债券简称	发行起始日	发行规模（亿元）	期限（年）	债券评级	主体评级	票面利率（%）
1922023. IB	19 农银租赁绿色债	2019 年6 月 3 日	30	3	AAA 级	AAA 级	3.68
1922025. IB	19 长城国兴租赁绿色 01	2019 年6 月 13 日	20	3	AAA 级	AAA 级	4.05

资料来源：中央财经大学绿色金融国际研究院。

截至 2019 年末，在 4 只债券中，除 19 农银租赁绿色债之外，其余 3 只绿色金融债券募集资金均已投放至预定的绿色项目，资金投向如表 3 - 6、表 3 - 7、表 3 - 8 所示。

表 3 - 6　截至 2019 年末江苏金融租赁绿色金融债券募集资金投向

一级分类	二级分类	投放余额（亿元）	投放项目（个）
5. 清洁能源	5. 4 分布式能源	0. 37	4
	5. 2 太阳能光伏发电	3. 51	2
	5. 1 风力发电	1. 5	2
4. 清洁交通	4. 3 城乡公路运输公共客运	4. 62	2
合计		10	10

资料来源：中央财经大学绿色金融国际研究院。

表 3 - 7　截至 2019 年末农银租赁绿色债券募集资金投向

一级分类	二级分类	投放余额（亿元）	投放项目（个）
4. 清洁交通	4. 3 城乡公路运输公共客运	3. 22	4
	4. 2 城市轨道交通	26. 19	3
合计		29. 41	7

资料来源：中央财经大学绿色金融国际研究院。

表 3 - 8　截至 2019 年末长城国兴租赁绿色债券募集资金投向

一级分类	二级分类	投放余额（亿元）	投放数量（个）
1. 节能	1. 1 工业节能	5	1
4. 清洁交通	4. 3 城乡公路运输公共客运	0. 5	1

续表

一级分类	二级分类	投放余额（亿元）	投放数量（个）
5. 清洁能源	5.2 太阳能光伏发电	3	1
	5.6 水力发电	11.5	1
合计		20	4

资料来源：中央财经大学绿色金融国际研究院。

2019 年非银行金融机构发行的绿色金融债券已投放资金总计 59.41 亿元，占发行总额的比例为 99.02%。在已投放资金中，投向清洁交通领域的资金最多，总计 34.53 亿元，占已投放资金的比例为 58.1%；其次为清洁能源领域，总计 19.88 亿元，占已投放资金的比例为 33.46%；投向节能领域总计 5 亿元，占已投放资金的比例为 8.42%。

第二节　绿色公司债券[①]

公司债券是企业依照法定程序发行并按约定还本付息的有价证券。在一般公司债的基础上，绿色公司债券的发行要求募集资金投向《绿色债券支持项目目录（2015 年版）》中所规定的绿色产业项目。本节将对 2019 年绿色公司债券市场进行总结，通过中央国有企业、地方国有企业、民营企业及上市公司发行情况，为绿色公司债券的进一步发展提出建议。

一、发展背景

2019 年我国继续实施积极的财政政策和稳健的货币政策，保持流动性合理充裕。在此背景下，信用债券发行利率显著下行，信用利差被压缩至历史低位，公司债券实现跨越式发展。2019 年我国共发行各类绿色公司债券 2464只，募集资金达 2.54 万亿元，同比增长 53.5%。值得一提的是，绿色公司债券发行规模占债券市场总规模的比重从 2018 年的 3.78% 上升至 5.63%，代表其应用场景更为广泛，服务实体经济能力不断增强。

受益于各项指导文件，绿色公司债券政策体系已较为完善。自 2016 年始，

---

① 关子萱，刘元博，云祉婷. 2019 年度绿色公司债券发展概览及建议［EB/OL］. 2019, http://iigf. cufe. edu. cn/article/content. html？id=2342.

我国陆续出台多项政策规范绿色公司债市场的发展。2016 年 3 月沪深交易所发布《关于开展绿色公司债券试点的通知》，2017 年 3 月中国证监会发布《关于支持绿色债券发展的指导意见》，在发行主体性质、募集资金用途等方面对绿色公司债券的发行进行了规范。2018 年上交所发布《上海证券交易所公司债券融资监管问答（一）——绿色公司债券》，鼓励绿色公司债券在存续期内按年度披露由独立的专业评估或认证机构出具的评估意见或认证报告的具体要求，并规定用于绿色项目的金额应不低于债券募集资金总额的 70%。2020 年我国将针对所有上市公司实行强制性环境信息披露制度，对资本市场调度资源、吸引长期资金投资绿色企业、绿色项目，绿色公司债券的应用场景有望进一步扩大。

新《证券法》实施，绿色公司债券有望迎来发展机遇期。2020 年 3 月 1 日起，新《证券法》正式生效，其规定我国绿色公司债券发行全面实施注册制。相比于核准制，注册制将简化企业发债审批流程，缩短审批期限。具体而言，新《证券法》取消了对于发行人净资产的要求；取消了累计债券余额不超过净资产 40% 的要求；取消了利率限制；允许改变募集资金用途，并明确相应程序；删除了前次公开发行尚未募足则不得发行新债券的要求。在此基础上，实体企业通过发行绿色公司债券满足其融资需求将更为便捷，绿色公司债券市场规模有望进一步扩大。

二、市场概况

从发行规模来看，2019 年我国绿色公司债券总计发行 794.53 亿元，较 2018 年增加了 111%，占绿色债券市场比重由 2018 年的 18.21% 上升至 32.58%。其中实际绿色投资金额共计 622.841 亿元，占比达 78.39%。2016 年至 2018 年我国绿色公司债券的发行规模远低于绿色金融债券，而在 2019 年二者的发行规模几乎持平。

从发行数量来看，2019 年共计发行 65 只绿色公司债券，较 2018 年增加了 96.97%，远超同期绿色金融债券的发行数量。2019 年绿色公司债券的发行数量陡增，反映出实体企业发行绿色债券的意愿加强。整体来看，绿色公司债券市场呈现明显的向好趋势，市场活力被不断激发（见图 3 - 7）。

2016 年至 2019 年，我国绿色公司债券的发行规模与数量增长明显，特别是 2019 年发行规模几近追平此前遥遥领先的绿色金融债券，发行数量更是绿色金融债券的两倍之多。绿色债券的发行需要依托能够产生环境效益的绿色项目，2019 年许多实体企业依托城市轨道交通、铁路、水电站、城镇污水处理设施等基础设施建设项目来发行绿色债券，推动绿色公司债券发行数量及规模的增长。可见实体企业发行绿色债券的积极性高涨，我国绿色债券市场的主力军正从金融机构转移至实体企业（见图 3 – 8）。

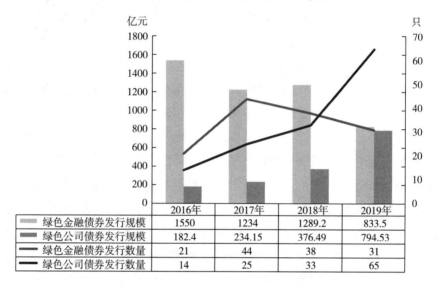

	2016年	2017年	2018年	2019年
绿色金融债券发行规模	1550	1234	1289.2	833.5
绿色公司债券发行规模	182.4	234.15	376.49	794.53
绿色金融债券发行数量	21	44	38	31
绿色公司债券发行数量	14	25	33	65

图 3 – 7　2016—2019 年绿色公司债券、绿色金融债券发行数量及规模

（资料来源：中央财经大学绿色金融国际研究院）

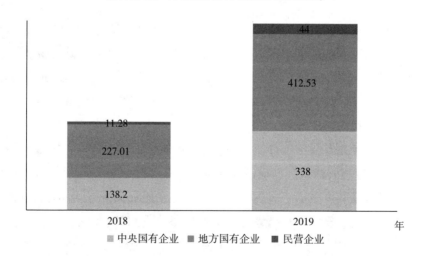

图 3 – 8　2018—2019 年各类发行人发行绿色公司债券规模

（资料来源：中央财经大学绿色金融国际研究院）

三、国有企业发行情况

从发行主体属性来看，国有企业是绿色公司债券市场中最主要的发行人。2017 年至 2019 年，国有企业发行绿色公司债券的规模和数量几乎成倍增长。2019 年，我国共有 41 家国有企业总计发行 56 只绿色公司债券，发行规模达750.53 亿元，占比为 94.46%，同比增长了 105.50%，占据了我国绿色公司债券市场的绝大部分（见图 3 - 9）。

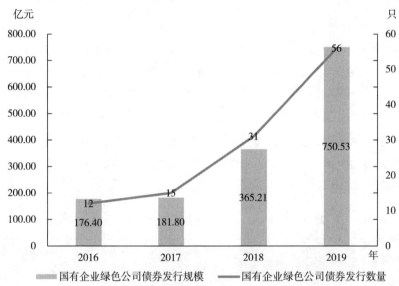

图 3 - 9　2016—2019 年国有企业绿色公司债券发行情况

（资料来源：中央财经大学绿色金融国际研究院）

（一）中央国有企业

2019 年，我国共有 8 家中央国有企业总计发行 15 只绿色公司债券，同比增长了 50%；发行规模总计 338 亿元，同比增长了 144.57%。中央国有企业在 2019 年发行的绿色公司债券数量虽远低于地方国有企业的发行数量，但二者发行规模相当（见图 3 - 10）。

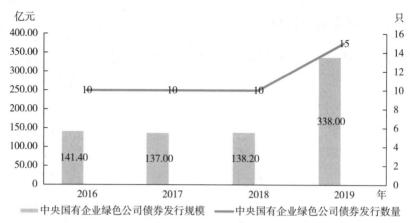

图 3 – 10　2016—2019 年中央国有企业绿色公司债券发行情况

（资料来源：中央财经大学绿色金融国际研究院）

在 8 家中央国有企业中，中国长江三峡集团有限公司表现最为突出。三峡集团于 2018 年发行 3 只绿色公司债券，于 2019 年发行 5 只绿色公司债券，且债券评级与主体评级稳定处于 AAA 级，募集资金均投向其主营业务——水力发电（见表 3 – 9）。

表 3 – 9　2018—2019 年三峡集团绿色公司债券发行及资金投向情况

债券简称	发行起始日	规模 （亿元）	期限 （年）	票面利率 （%）	募集资金 投向	投向绿色项目 金额（亿元）	募集资金 用途分类
G18 三峡 1	2018 年 8 月 1 日	25	3	4.00	乌东德水 电站建设	25	
G18 三峡 2	2018 年 8 月 1 日	10	5	4.20		10	
G18 三峡 3	2018 年 10 月 22 日	40	3	4.08		28	
G19 三峡 1	2019 年 2 月 22 日	5	10	4.40	乌东德、 白鹤滩水 电站建设	3.5	5.6 水力 发电
G19 三峡 2	2019 年 2 月 22 日	25	5	3.73		17.5	
G 三峡 EB1	2019 年 4 月 3 日	200	5	0.50		140	
G19 三峡 3	2019 年 9 月 9 日	5	3	4.30		3.5	
G19 三峡 4	2019 年 9 月 9 日	30	10	3.38		14.7	

资料来源：中央财经大学绿色金融国际研究院。

三峡集团致力于利用长江资源发展水力发电，是国内最大的清洁能源公司。乌东德水电站是三峡集团投资建设的全国第四、世界第七大水电站；白鹤滩水电站则是中国仅次于三峡电站的第二大水电站，是世界在建最大的水电站。乌东德、白鹤滩水电站是"西电东送"的骨干电源和促进国家能源结构调整的重大工程，投资规模大，因而通过发行绿色公司债券可以很好地解决资金问题。通过发行绿色公司债券可以全力推动两座电站工程建设、安全准点实现首批机组投产发电目标，对于推动新时代西部大开发、全面建成小康社会具有重要意义。

（二）地方国有企业

2019 年，我国 33 家地方国有企业共发行 41 只绿色公司债券，同比增长 95.24%；发行规模达 412.53 亿元，同比增长了 81.72%。地方国有企业是绿色公司债券市场中最主要的发行人（见图 3-11）。

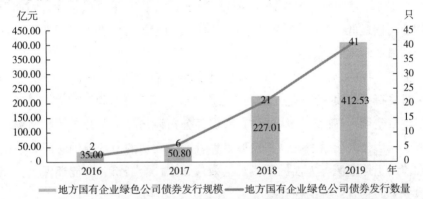

图 3-11　2016—2019 年地方国有企业绿色公司债发行情况

（资料来源：中央财经大学绿色金融国际研究院）

北京市基础设施投资有限公司连续两年在绿色公司债券发行方面表现优异，发行数量在地方国有企业中领先，债券评级与主体评级均为 AAA 级。京投公司是国内首家获证监会批复公募绿色可续期公司债券的轨道交通企业，于 2019 年成功发行的绿色可续期公司债券，共募集资金 40 亿元，全部用于北京市轨道交通项目建设（见表 3-10）。

表 3 – 10　京投公司绿色公司债券发行及资金投向情况

债券简称	发行起始日	发行规模（亿元）	发行期限（年）	票面利率（%）	实际绿色投资额（亿元）	募集资金用途分类
G19 京 Y1	2019 年 9 月 9 日	20	3	3.85	20	清洁交通
G19 京 Y2	2019 年 9 月 9 日	20	5	4.15	20	清洁交通

资料来源：中央财经大学绿色金融国际研究院。

本期债券分为两个品种，品种一期限为 3 + N 年期，发行规模达 20 亿元，发行利率为 3.85%；品种二期限为 5 + N 年期，发行规模达 20 亿元，发行利率为 4.15%。其中 5 + N 年期品种价格为 2017 年以来地方国企发行同期限可续期公司债最低，3 + N 年期品种更是创历史以来地方国企发行同期限可续期公司债最低利率。

值得一提的是，京投公司具有承担北京市基础设施的投资职能，于 2019 年 8 月发行了规模为 20 亿元的社会效应债券，用于北京轨道交通 3 号线、12 号线项目建设。经中债资信评估有限责任公司评估，本次社会效应债券项目服务于城市公共交通系统，募投项目将可产生确切的节约通勤时间、节能减排和节约土地资源等方面的积极社会效应，在社会经济、节能环保、社会公共服务方面具有良好的社会效应。

四、民营企业发行情况

从历年绿色公司债发行情况来看，民营企业的参与度整体较低。2019 年，6 家民营企业共发行了 9 只绿色公司债券，总发行规模为 44 亿元。相比 2018 年 2 家企业发行 11.28 亿元的绿色公司债券而言，2019 年民营企业发行活跃度有所提升（见图 3 – 12）。

其中，平安国际融资租赁有限公司在 2018 年和 2019 年各发行 1 只绿色公司债券，是民营企业中少有的债券评级和主体评级都达到 AAA 级的发行主体，募集资金均投向于清洁能源等领域，示范效应明显（见表 3 – 11）。

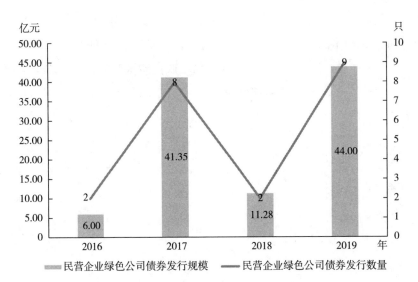

图 3 – 12　2016—2019 年民营企业绿色公司债券发行情况

（资料来源：中央财经大学绿色金融国际研究院）

表 3 – 11　平安租赁绿色公司债券发行及资金投向情况

债券简称	发行起始日	发行规模（亿元）	发行期限（年）	票面利率（%）	实际绿色投资额（亿元）	GB 一级分类
G18 安租 1	2018 年8 月 29 日	5.08	3	6.08	5.08	清洁能源
G19 安租 1	2019 年7 月 25 日	8	4	4.53	5.6	多用途

资料来源：中央财经大学绿色金融国际研究院。

　　2017 年，平安租赁在业内首创"租赁 + 公益"的模式，通过发行绿色公司债券推动租赁主业及公益行动进展。平安租赁启动"金色阳光之路"公益计划，用绿色分布式能源助力地方教育的可持续发展。截至目前，该活动在 7 个站点共捐建了 75 千瓦光伏电站，为 1300 余名贫困地区孩子带去绿色光伏能源和爱心公益课堂。

五、上市公司发行情况

　　2016 年，我国第一只绿色公司债券是由浙江嘉化能源化工股份有限公司（600273. SH）发行，募集资金投向热电联产领域。该项目使零散的小锅炉供热转变为集中供热，大大提高了能源利用效率，减少了区域内的资源消耗、污染物和温室气体的排放，有利于节能减排，环境效益明显。该期债券于2019年6月完成付息、兑付并已提前摘牌。嘉化能源为我国绿色公司债券起到了良好示范作用，上市公司发行绿色公司债券规模近年来持续保持增长态势（见图3-13）。

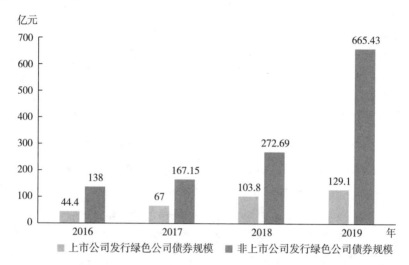

图 3 - 13　2016—2019 年上市公司与非上市公司发行绿色公司债券规模对比

（资料来源：中央财经大学绿色金融国际研究院）

北京高能时代环境技术股份有限公司（600588.SH）是国内最早专业从事固废污染防治技术研究、成果转化和提供系统解决方案的国家级高新技术企业之一，形成了以环境修复、危废处理处置、生活垃圾处理为核心业务板块的综合型环保服务平台，并于2020年获评"一带一路"绿色生产力领跑者，是具有卓越竞争力的环保行业领军企业。高能环境公司于2019年首次发行绿色公司债券，全年共发行3只，发行规模总计12亿元，投向分类均为污染防治项目（见表3-12）。

表 3 - 12　高能环境绿色公司债券发行及资金投向情况

债券简称	发行起始日	发行规模（亿元）	发行期限（年）	票面利率（％）	实际绿色投资额（亿元）	募集资金投向分类
G19 高能 1	2019 年 3 月 14 日	6.00	3	7.00	6.00	污染防治

续表

债券简称	发行起始日	发行规模（亿元）	发行期限（年）	票面利率（%）	实际绿色投资额（亿元）	募集资金投向分类
G19 高能 2	2019 年 8 月 23 日	1.90	3	5.35	1.90	污染防治
G19 高能 3	2019 年 8 月 23 日	4.10	3	5.50	4.10	污染防治

资料来源：中央财经大学绿色金融国际研究院。

六、展望与建议

2019 年，我国的绿色公司债券市场已呈现出蓬勃发展之势，具备充分发展的前期经验和创新优势，应当在服务绿色金融实体经济的进程中发挥更大作用。为了进一步推动绿色公司债市场的长期发展，本书提出以下几方面的建议。

第一，加强地方绿色项目储备。考虑到绿色公司债券发行情况地区差异明显，各地方应实行动态管理，定期开展新能源、新材料、绿色交通、节能环保、污染治理、绿色制造、绿色物流、绿色农业、绿色建筑等绿色企业和项目遴选、认定和推荐工作。搭建绿色项目建设投融资信息共享平台，及时、准确披露项目和企业相关信息，方便金融部门有针对性地为入库项目提供绿色信贷支持、基金支持和融资对接服务，以此鼓励满足发行条件企业的发债意愿。

第二，落实对发债公司主体的强制信息披露要求。2016 年发布的《关于构建绿色金融体系的指导意见》中明确提出，我国将在 2020 年实行强制性上市公司披露环境信息的制度，2020 年即将出台的法律文件将为上市公司搭建统一的披露框架。应进一步推动实体企业在发行绿色公司债券时进行更为详细的环境信息披露，不仅包括企业本身在社会环境责任方面的积极影响，更要将所受的环保处罚详列其中，使公众更加了解发行主体，同时也是对企业本身在社会环境责任方面的督促。与此同时，强制性环境信息披露制度有助于引导市场资金流向绿色企业和绿色项目，有助于进一步降低积极支持生态文明发展进程的企业的融资成本。

第三，鼓励企业加强自身能力建设。尽管我国绿色债券市场近年来保持高速发展，但仍存在着部分企业、中介机构对于绿色债券等绿色金融产品了解程度较低的情况。行业协会等自律组织、金融机构应组织对绿色债券发行人、中介机构等参与主体进行多角度、多方位的能力建设和行业培训，加强对新政策的推广，宣传介绍优秀案例，廓清发行人和中介机构对绿色金融的认知，培育绿色金融理念，强化发行人和中介机构对于绿色证券发展的助推作用。与此同时，应通过精准有效的宣介推广手段，激发绿色债券发行人、中介机构、投资者的参与热情，培育绿色债券的市场氛围。

第四，加强设立绿色产业基金形成平台化增信方式。目前的绿色产业基金包括绿色产业投资基金、绿色产业并购基金以及 PPP 环保产业基金等多种方式。国内的绿色产业基金通常由于政府引导基金投资，行业内大型机构发起或参与，能够产生积极的引导作用，更有利于分散风险。绿色产业基金拥有资金来源广、投资期限长、无须抵押担保等优势，在国际上已得到广泛应用。目前，我国的绿色产业基金规模小、社会资本参与积极性低、配套扶持政策缺乏，尚未发挥应有的作用。未来，针对气候效应、环境效益较为明显的产业，应同时形成对应产业基金，继而通过平台化增信方式，优先支持入库项目发行绿色公司债券等各类绿色金融产品，支持绿色金融市场长期发展。

第三节　绿色企业债券[①]

绿色企业债券是指有法人资格的企业依法发行的、募集资金主要用于支持绿色产业项目并约定在一定期限内还本付息的有价证券。企业债发行主体多为中央政府部门所处机构、国有独资企业、国有控股企业等，是实体经济进行直接融资的重要金融工具。本节对 2019 年绿色企业债发行情况进行分析，对各类型主体发行情况进行总结。

一、发展背景

近年来，绿色企业债券市场发行量大幅上升，服务实体经济能力显著增强。2019 年受益于市场流动性整体宽裕，信用利差下行，我国共发行 392 只绿色企业债券，发行规模达 3624. 39 亿元，同比上涨 49. 25%。

---

① 黄智尧，刘元博，云祉婷 . 2019 年度绿色企业债发展概览及建议［EB/OL］. 2019. http：//iigf. cufe. edu. cn/article/content. html？ id = 2267.

顶层设计定向激励，企业债券市场发展迎来新机遇。2018年12月，为了扶持优质企业的融资，发改委发布《关于支持优质企业直接融资进一步增强企业债券服务实体经济能力的通知》（以下简称《通知》），主要内容包括以下三点：一是采用更加高效的审核方式，"即审即报"，安排专人对接，专项审核；二是通过"正负面清单管理"的方法，引导债券资金流向符合国家产业政策的实体经济；三是发行管理方式实行"一次核准额度、分期自主发行"，提高了资金筹措的灵活度。这些政策为企业债券的发行提供极大便利，大量百亿元规模的企业债券在短时间内便被核准发行。值得一提的是，《通知》中写道"积极支持符合条件的优秀民营企业发行企业债券"，事实上逐渐放开了优质民营企业的企业债准入门槛。此举不仅丰富了企业债券的发行人主体性质，也为企业债券市场提供了强有力的增长点，保障了企业债券市场未来的高质量发展。此外，2020年3月1日，发改委发布《关于企业债券发行实施注册制有关事项的通知》，企业债券的发行由核准制改为注册制，发行条件得以明确。通过全面实施注册制、简化发行条件、强化信息披露要求、取消企业债券申报中的省级转报环节等一系列政策安排，企业债券的发行流程不断优化，政策便利程度不断提升。

基础设施逐步完善，绿色企业债券市场规范发展。2015年12月，发改委发布《绿色债券发行指引》，对绿色企业债券的募集资金投向产业及审计要求做出了明确规定，要求绿色企业债券的募集资金至少有50%投向《绿色债券发行指引》中所列出的十二大类产业。这意味着绿色企业债券的发行人主体在支配所募资金时拥有更大的灵活性。2019年3月，发改委等七部委联合印发《绿色产业指导目录（2019年版）》，厘清了产业边界，对绿色企业债券的募集资金投向进行细致划分，解决了过去参考《绿色债券发行指引》时出现的绿色产业概念泛化、标准不统一等问题。绿色企业债券市场的规范性文件逐渐完善，为绿色企业债券市场搭建了完备的发展体系，促进了绿色企业债券市场的高效发展。

二、市场概况

从发行规模来看，2019年我国绿色企业债券总计发行479.6亿元，较2018年的213.7亿元增加了124.43%，成为2019年境内贴标绿色债券市场增幅最大的绿色债券种类。其中实际绿色投资金额为 320.8 亿元，占比达 66.89%。从发行数量上看，新发行的债券数量从前两年的 21 只增长为 39 只，同比增长 85.71%（见图 3-14）。

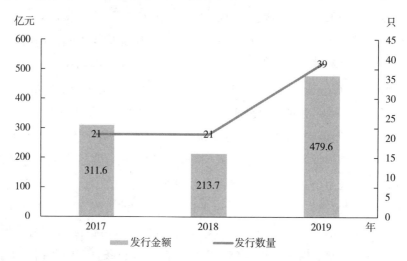

图 3-14 2017—2019 年境内绿色企业债券发行情况

（资料来源：中央财经大学绿色金融国际研究院）

从期限来看，绿色企业债券以 5 年期及以上的中长期债券为主，其中 5 年期、7 年期债券发行最多，分别占绿色企业债发行总额的 50.73% 和 19.91%，占发行数量的 38.46% 和 30.77%（见图 3-15）。

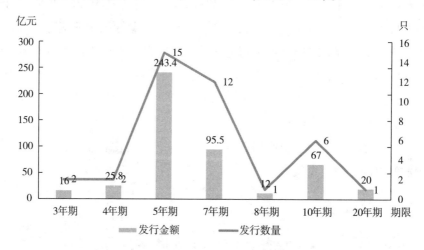

图 3-15 2019 年境内绿色企业债券期限分布

（资料来源：中央财经大学绿色金融国际研究院）

从评级情况来看，绿色企业债券的债项评级整体较高。2019 年发行的绿色企业债券中有 22 只债券评级达到 AAA 级，数量过半；发行规模 351.2 亿元，占比为 73.23%（见图 3－16）。

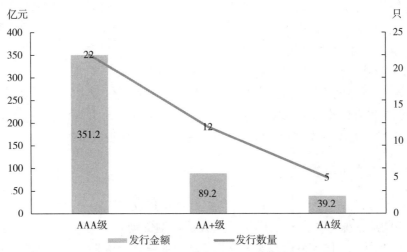

图 3－16　2019 年境内绿色企业债券评级分布

（资料来源：中央财经大学绿色金融国际研究院）

2019 年，27 家绿色企业债发行人中，绝大部分是国有企业。国有企业在 2019 年共发行 37 只绿色企业债券，发行规模达 467.6 亿元，占比为 97.50%；民营企业在 2019 年发行 2 只绿色企业债券，发行规模达 12 亿元，占比仅为 2.50%（见图 3－17）。

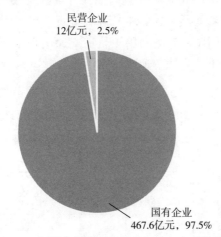

图 3－17　2019 年境内各类型主体发行绿色企业债券规模占比

（资料来源：中央财经大学绿色金融国际研究院）

三、国有企业

国有企业中的地方国有企业，是绿色企业债券市场最主要的发行人。2019 年我国共有 25 家国有企业发行了共 37 只绿色企业债券，其中有 24 家地方国有企业和 1 家中央国有企业，发行规模为 467.6 亿元，占全年发行总额的 97.50%，相较 2018 年同比增长两倍有余。

25 家国有企业中以广州地铁集团有限公司表现最为突出，共发行 4 只绿色债券；9 家企业每家发行 2 只绿色债券；15 家企业每家发行 1 只债券。此外，湖北省宜昌市积极鼓励企业通过发行绿色债券助力长江大保护战略，2019 年湖北夷陵经济发展集团有限公司发行长江大保护绿色债券。

（一）广州地铁

广州市作为绿色金融改革试验区，其城市建设需求随着经济发展不断提高，广州地铁绿色债券对于广州市重大项目融资创新具有重要的示范意义。2018 年 12 月，《国家发改委关于支持优质企业直接融资进一步增强企业债券服务实体经济能力的通知》发布后，广州地铁当月便以优质主体的身份获批发行 300 亿元绿色债券，成为迄今为止获批规模最大的绿色企业债券。

2019 年，广州地铁公开发行了 4 只绿色企业债券，共计 85 亿元，数量和规模均位居绿色企业债券市场榜首，其中"19 广铁绿债 01"以其 30 亿元发行规模成为全年规模最大的单只绿色企业债券之一。广州地铁优质发行主体的身份以及良好的信用等级降低了债券发行难度及融资成本，其 4 只债券的债券评级与主体评级均为 AAA 级，利率均处于当年绿色企业债券最低水平。85 亿元募集资金中的 67 亿元用于轨道交通工程项目，建设广州地铁五号线、十八号线、二十二号线等地铁线路主体工程；其余 18 亿元用于补充运营资金（见表 3 – 13）。

表 3 – 13　2019 年广州地铁绿色企业债券发行情况

证券代码	债券简称	发行起始日	发行规模（亿元）	绿色投资额（亿元）	期限（年）	债券评级	票面利率（%）
1980006. IB	19 广铁绿色债 01	2019 年 1 月 15 日	30	18	5	AAA 级	3.90
1980190. IB	19 广铁绿色债 02	2019 年 7 月 12 日	20	20	5	AAA 级	3.58

续表

证券代码	债券简称	发行起始日	发行规模（亿元）	绿色投资额（亿元）	期限（年）	债券评级	票面利率（%）
1980262. IB	19 广铁绿色债 03	2019 年 8 月 29 日	20	20	5	AAA 级	3.40
1980375. IB	19 广铁绿色债 04	2019 年 12 月 16 日	15	9	5	AAA 级	3.53

资料来源：中央财经大学绿色金融国际研究院。

（二）湖北省宜昌市

2019 年 1 月召开的全国生态环境保护大会对我国环保工作的重点方向进行了部署，提出加强水污染防治工作，特别强调了对于长江流域的修复和保护。同月，生态环境部、国家发改委联合发布《长江保护修复攻坚战行动计划》，长江流域保护修复相关项目获得重点支持。

宜昌市位于长江沿线，市政府将"长江大保护"列为重点任务，鼓励并积极帮助当地企业发行"长江大保护专项绿色债券"，为长江沿线省市提供了良好参考。2018 年 4 月，宜昌首次提出了"发行长江大保护专项绿色债券"，所有市属平台及相关县市区平台公司均可参与。同年 12 月，"2018 年宜昌高新投资开发有限公司长江大保护专项绿色债券"发行，募集资金用于长江宜昌段化工污染治理及园区绿色化改造项目，成为全国首只"长江大保护专项绿色债券"。

2019 年 5 月，国务院办公厅通报了"2018 年落实有关重大政策措施真抓实干成效明显地方"，宜昌市作为湖北省唯一入选城市享受专项激励措施，自入选起两年之内，对宜昌市内企业申请企业债券实行"直通车"机制，及企业直接向国家发展改革委申报，无须省级发展改革部门转报。同年 6 月，宜昌交通投资有限公司的 10 亿元债券获批，这是第 2 只获批的"长江大保护专项绿色债券"，也是首只在交通领域的"长江大保护专项绿色债券"和全国首个多式联运项目专项绿色债券，为三峡枢纽港区的建造提供资金支持。

2019 年 10 月，湖北夷陵经济发展集团有限公司获批发行不超过 10 亿元的绿色债券，这是第 3 只获发改委批复的"长江大保护专项绿色债券"，同时这是全国首只获批的区县级城投类企业"长江大保护主题绿色债券"。该债券于 11 月完成发行，发行规模 10 亿元，其中 5.5 亿元用于夷陵区黄柏河流域绿色生态长廊项目，将河流生态修复与经济发展紧密结合。

四、民营企业

民营企业发行绿色企业债券整体较少，2019 年共有 2 家企业共发行 2 只绿色企业债券，仅占全年绿色企业债券发行规模的 2.50%（见表 3 - 14）。

表 3 - 14　2019 年民营企业发行绿色企业债情况

证券代码	债券简称	发行日期	发行规模（亿元）	绿色投资额（亿元）	期限（年）	债券评级	票面利率（%）
1980182. IB	19 木林森绿色债 01	2019 年 5 月 31 日	2	1	5	AA 级	7.00
1980185. IB	19 亚迪绿色债 01	2019 年 6 月 11 日	10	5	5	AAA 级	4.86

资料来源：中央财经大学绿色金融国际研究院。

2018 年 12 月，国家发改委《关于支持优质企业直接融资进一步增强企业债券服务实体经济能力的通知》发布，特别提出要支持优质民营企业融资。未来随着相关政策的进一步落实，更多的优质民营企业有望参与到绿色企业债券的发行中来，更多的绿色产业和项目将因此收益。比亚迪于 2018 年末获批发行 60 亿元的绿色企业债券，成为首只由优质民营企业申报获批的债券。获批后，比亚迪于 2018 年和 2019 年分别发行 1 只绿色债券，债券评级均为 AAA 级，期限均为 5 年，总计发行规模为 20 亿元，用于新能源汽车零件、电池及电池燃料、城市云轨等绿色项目，均属于当前国际重点关注的行业（见表 3 - 15）。

表 3 - 15　比亚迪股份有限公司绿色企业债券发行情况

证券代码	债券简称	发行起始日	发行金额（亿元）	发行期限（年）	债券评级	主体评级	票面利率（%）
1880309. IB	18 亚迪绿色债 01	2018 年 12 月 19 日	10	5	AAA 级	AA 级	4.98
1980185. IB	19 亚迪绿色债 01	2019 年 6 月 11 日	10	5	AAA 级	AAA 级	4.86

资料来源：中央财经大学绿色金融国际研究院。

五、展望与建议

2019 年是中国绿色企业市场增长最为显著的一年，为服务实体经济结构转型，促进绿色企业债券市场的高质量发展，本书提出以下建议。

第一，加快绿色债券分类标准统一工作进程。目前，绿色企业债券的发行参照《绿色产业指导目录（2019 年版）》执行，而绿色金融债券、绿色公司债券以及债务融资工具等产品的发行却是参照《绿色债券支持项目目录（2015 年版）》执行，两套标准之间存在明显差别。目前人民银行、发改委等相关部门已经着力推进标准统一工作。应依托绿色债券标准委员会加快推进绿色债券的统一与规范，使绿色债券发行者与投资者有据可循，通过明确的投向规定为绿色项目和绿色资金有效"贴标"。

第二，适度放宽优质民营企业准入标准。民营企业是我国实体经济的重要一环，但受制于身份歧视，融资难融资贵的情况仍然存在。应适度放开市场准入标准，鼓励更多优质民营企业参与到绿色企业债券发行中来，在全市场范围内形成示范效应。同时，更多民营企业参与发行也能为绿色企业债券市场注入更多活力，从而进一步扩大绿色企业债券的市场规模，以更好地服务实体经济的高质量发展。

第三，提高绿色企业债券发行前和后续资金使用情况的披露要求。相较于普通债券，绿色债券的资金被要求流入规定的绿色产业和项目，因此需要更严格的信息披露要求和资金后续使用情况跟踪。目前我国绿色企业债券尚未形成强制性、规范化的信息披露机制。对信息披露和资金后续使用情况应出台严格要求，保证绿色企业债券的公开、透明及专款专用，确保绿色企业债券充分发挥引导资金流向绿色产业的资源配置作用。

第四，鼓励产品创新，探索发行项目收益债券。相较于一般企业债券，项目收益债券要求债券募集资金全部投入标的项目，其本金和利息的偿付由项目收益全程覆盖，从长期来看可有效减轻发行人偿付压力。目前我国尚无绿色项目收益债券发行，而污染治理、清洁能源、绿色交通等项目具备产生稳定现金收益的前提条件，募集资金 100% 用于项目建设也符合绿色债券专款专用的运行机制，应成为未来相关企业满足绿色项目融资需要的有力工具。

第四节　绿色债务融资工具①

　　绿色债务融资工具是指境内外具有法人资格的非金融企业在银行间市场发行的，募集资金专项用于节能环保、污染防治、资源节约与循环利用等绿色项目的债务融资工具。由银行间交易商协会对绿色债务融资工具接受注册通知书并进行统一标识后发行，其品种包括绿色短期融资券、绿色中期票据等基础序列产品，还有绿色熊猫债、碳收益票据、可持续发展债券、社会效应债券和绿色项目收益票据等创新序列产品。相较于一般债务融资工具，绿色债务融资工具不仅可以有效降低企业融资成本，满足资金融通和短期流动性需求，还可以有效拓宽绿色产业的融资渠道和融资来源，精准匹配国家绿色发展战略需要。本节将基于 2019 年绿色债务融资工具市场概况，进一步对中央国有企业和地方国有企业的绿色债券融资工具发行情况进行分析。

一、发展背景

　　银行间债券市场非金融企业债务融资工具（以下简称"债务融资工具"）是指具有法人资格的非金融企业在银行间债券市场发行的，约定在一定期限内还本付息的有价证券。自 2008 年中期票据问世以来，债务融资工具在银行间债券市场蓬勃发展，并逐步成为我国企业重要的直接融资方式。

　　债务融资工具产品体系丰富，有较强服务国家重大战略的能力。目前，我国债务融资工具市场已初步形成多层次、链环式、可组合的产品工具箱，其中既包括短期融资券、超短期融资券、中期票据等支撑型基础序列产品，也包括熊猫债、永续票据、并购票据、创投企业债务融资工具、扶贫票据、双创专项债务融资工具、社会效应债券、定向可转换票据、供应链融资票据等引领型创新序列产品。银行间市场的多层次产品体系，涵盖了不同发行期限、不同募集资金用途、不同增信方式、不同境内外发行主体、不同计息方式，能够有效满足市场多元化投融资需求。此外，债务融资工具对于募集资金投向有着较为严格的要求，专款专用的发行规范对于其精准服务"一带一

----

　　① 云祉婷，杨婷 . 2019 年度绿色债务融资工具发展情况分析 ［EB/OL］. 2019. http：// iigf. cufe. edu. cn/article/content. html？ id＝2180.

路"倡议、"京津冀一体化""长江大保护""粤港澳大湾区发展"等落实国家重大战略提供了制度优势。

绿色债务融资工具已形成较为完善的政策体系，发行规范严格。绿色债务融资工具指募集资金专项用于绿色项目的债务融资工具，目前已形成了完善的发行体系及市场规范。从分类标准来看，绿色债务融资工具募集资金应100%投资于符合《绿色债券支持项目目录（2015 年版）》规定的项目。从发行标准来看，2017 年 3 月 22 日，交易商协会发布《非金融企业绿色债务融资工具业务指引》及两个配套表格体系，首次明确企业在发行绿色债务融资工具时，应在注册文件中所披露的绿色项目具体信息，同时鼓励第三方认证机构在评估结论中披露债务融资工具的绿色程度，最终由银行间交易商协会对绿色债务融资工具接受注册通知书并进行 GN 统一标识。从发行后信息披露要求来看，发行人应每半年对募集资金的使用情况进行披露。

政策出台更为精准，绿色债务融资工具迎来政策机遇期。完备的发行体系一方面保证了绿色债务融资工具市场的有序运行，另一方面也对于发行人的相关资质提出了更高的要求。为充分激发市场活力，2019 年 5 月 13 日，中国人民银行发布了《关于支持绿色金融改革创新试验区发行绿色债务融资工具的通知》，主要内容包括：第一，鼓励试验区内承担绿色项目建设且满足一定条件的城市基础设施建设类企业注册发行绿色债务融资工具；第二，研究探索试验区内企业发行绿色债务融资工具投资于试验区绿色发展基金，扩大募集资金用途，支持地方绿色产业发展；第三，探索试验区内绿色企业注册发行绿色债务融资工具，主要用于企业绿色产业领域的业务发展，可不对应到具体绿色项目。上述规定在满足绿色债务融资工具较为严格的发行规范的同时，适度放宽了其募集资金的应用领域，对于绿色企业、基础设施承建单位提供了政策支持；同时针对试验区的发展诉求进行逆周期布局，着力增加地方绿色产业发展基金的资金来源，形成了有益探索。在政策支持下，绿色债务融资工具的发行应用场景将进一步扩大，对试验区经济绿色转型的贡献也有望显著提升。

二、市场概况

2016 年 4 月 6 日，协合风电投资有限公司发行了 2016 年度第一期中期票据，开启了我国绿色债务融资工具市场的先河。四年来，绿色债务融资工具累计发行65只，总规模达704.8亿元，我国绿色债务融资工具以持续高增长的态势实现了跨越式发展，产品种类不断丰富，形成多维度的示范效应。

（一）发行总量

从发行规模来看，2019年我国绿色债务融资工具达328亿元，较2018年的187.8亿元同比增长75%。从发行品种来看，2016—2018年发行的全部为中期票据，但在2019年有所创新，发行的27只中包含23只绿色中期票据、3只绿色定向工具和1只绿色超短期融资券，共3个品种，基本涵盖了基础序列产品，进一步丰富了绿色债务融资工具产品体系（见图3－18）。

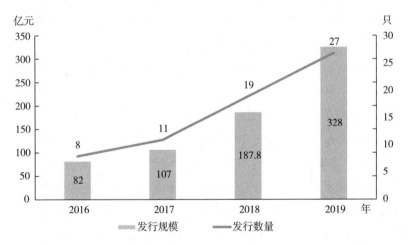

图3－18　2016—2019年境内绿色债务融资工具发行规模及数量

（资料来源：中央财经大学绿色金融国际研究院）

（二）评级分布

从评级情况来看，绿色债务融资工具发行主体与债券的评级都有所增强。主体评级方面，除了2017年，其余三年均无未评级的发行主体，其中AAA级占比均超过50%，2019年占比最高近63%。债项评级方面，2019年无评级发行的绿色债务融资工具数量同比有所增加，但AAA级债券占比仍保持最高，相比2018年的47.37%提升近16个百分点（见表3－16、表3－17）。

表 3 – 16 2016—2019 年境内绿色债务融资工具主体评级分布

主体评级	2016 年评级数量（只）	2016 年占比（%）	2017 年评级数量（只）	2017 年占比（%）	2018 年评级数量（只）	2018 年占比（%）	2019 年评级数量（只）	2019 年占比（%）
AAA 级	5	62.50	4	36.36	10	52.63	17	62.96
AA + 级	2	25.00	4	36.36	6	31.58	5	18.52
AA 级	1	12.50	2	18.18	3	15.79	5	18.52
未评级	0	0.00	1	9.09	0	0.00	0	0.00
总计	8	100.00	11	100.00		100.00	27	100.00

资料来源：Wind 金融数据库，中央财经大学绿色金融国际研究院。

表 3 – 17 2016—2019 年境内绿色债务融资工具债项评级分布

债项评级	2016 年评级数量（只）	2016 年占比（%）	2017 年评级数量（只）	2017 年占比（%）	2018 年评级数量（只）	2018 年占比（%）	2019 年评级数量（只）	2019 年占比（%）
AAA 级	4	50.00	3	27.27	9	47.37	17	62.96
AA + 级	2	25.00	2	18.18	5	26.32	4	14.81
AA 级	1	12.50	2	18.18	3	15.79	1	3.70
未评级	1	12.50	4	36.36	2	10.53	5	18.52
总计	8	100.00	11	100.00	19	100.00	27	100.00

资料来源：Wind 金融数据库，中央财经大学绿色金融国际研究院。

（三）地区分布

从地区分布来看，2019 年更多省份发行了绿色债务融资工具，但区域分布不均衡的情况仍然较为明显。四年来，共有 18 个省份发行了绿色债务融资工具，北京、江苏、浙江与湖北四个地区每年均有发行，其中北京累计发行规模最大，高达 275 亿元，且 2019 年增幅最明显，超过 2018 年的 4 倍，达 165 亿元，远高于其他地区；其次是江苏和湖北，累计发行规模均超过 70 亿元。2019 年共 14 个省份发行绿色债务融资工具，其中重庆、天津、安徽、江西、甘肃和福建等 6 个省份为首次发行。除湖北、广东和新疆发行规模较 2018 年下降外，其余地区均有所增加。而新发行地区中除重庆的 21.8 亿元和天津的 15 亿元外，其余发行规模均在 10 亿元以下（见图3 – 19）。

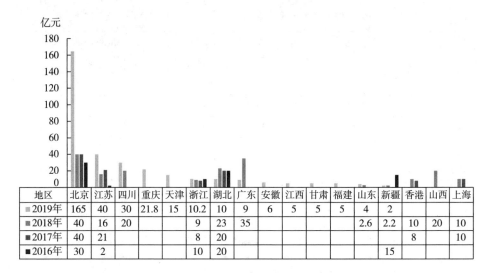

地区	北京	江苏	四川	重庆	天津	浙江	湖北	广东	安徽	江西	甘肃	福建	山东	新疆	香港	山西	上海
▦2019年	165	40	30	21.8	15	10.2	10	9	6	5	5	5	4	2			
▦2018年	40	16	20			9	23	35					2.6	2.2	10	20	10
▦2017年	40	21				8	20								8		10
▦2016年	30	2				10	20						15				

图 3 - 19　2016—2019 年各地区绿色债务融资工具发行规模

（资料来源：Wind 金融数据库，中央财经大学绿色金融国际研究院）

（四）募集资金用途

从募集资金用途来看，绿色债务融资工具募集资金投向广泛，其中清洁能源和清洁交通领域发行规模最大。2019 年发行的绿色债务融资工具 100% 用于符合《绿色债券支持项目目录（2015 年版）》规定的项目，广泛投向节能、清洁交通、清洁能源、生态保护和适应气候变化、污染防治、资源节约与循环利用六个领域。除 2016 年外，2017—2019 年募集资金投向最多的领域均为清洁能源，其次是清洁交通，平均占比分别为 28.72% 和 21.97%；生态保护和适应气候变化领域占比较低或无发行。

2019 年，多用途的募集资金主要用于清洁能源和污染防治领域，占比近 30%；在单一投向中，实际投资额最高的方向集中在清洁能源领域，占比为 34.15%，主要用于风电、光电和水电项目；清洁交通领域次之，占比为 25.91%，增长了 5%，全部用于城市轨道交通项目；除有 1 只投向生态保护和适应气候变化领域外，其余领域的募集资金额占比均有所下降（见图3 - 20）。

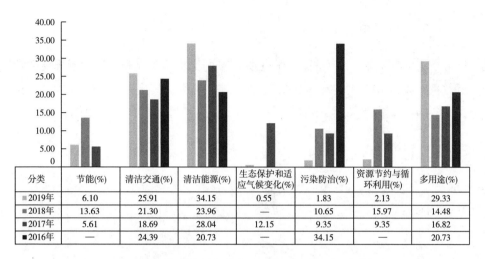

分类	节能(%)	清洁交通(%)	清洁能源(%)	生态保护和适应气候变化(%)	污染防治(%)	资源节约与循环利用(%)	多用途(%)
2019年	6.10	25.91	34.15	0.55	1.83	2.13	29.33
2018年	13.63	21.30	23.96	—	10.65	15.97	14.48
2017年	5.61	18.69	28.04	12.15	9.35	9.35	16.82
2016年	—	24.39	20.73	—	34.15	—	20.73

图 3 – 20 2016—2019 年国内绿色债务融资工具募集资金投向分布占比情况

（资料来源：Wind 金融数据库，中央财经大学绿色金融国际研究院）

三、国有企业发行情况

从发行主体来看，2016—2019 年国有企业发行规模逐年增加，2019 年绿色债务融资工具均由国有企业发行，发行规模达 328 亿元，同比增长 96.64%。此外，中央国有企业发行规模超过同年地方国有企业近 30%，成为首要发行主体，较 2018 年增长近 2.6 倍（见图 3 – 21）。

图 3 – 21 2016—2019 年国内绿色债务融资工具各发行主体发行情况

（资料来源：Wind 金融数据库，中央财经大学绿色金融国际研究院）

（一）中央国有企业

中央国有企业在绿色债务融资工具市场的比重逐年提升，从发行规模和发行数量来看，2019年实现央企发行绿色债务融资工具规模达185亿元，相比2018年的52亿元增长近3.6倍，发行数量也从4只增加到11只（见图3-22）。

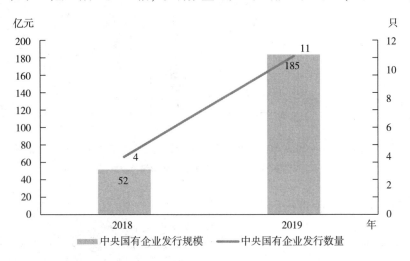

图3-22 2018—2019年中央国有企业绿色债务融资工具发行规模及发行数量

（资料来源：Wind金融数据库，中央财经大学绿色金融国际研究院）

具体到中央国有企业的发行情况，从发行企业来看，仅三峡集团、中广核风电和中国巨石三家企业连续两年发行绿色债务融资工具。其中，三峡集团发行规模最大、数量最多，累计发行4只，总计115亿元，全部用于乌东德和白鹤滩水电站项目；中国巨石和中广核风电均累计发行两期、总规模分别为7亿元、20亿元，分别用于工业节能、风力发电领域。从发行用途来看，2018—2019年募集资金投向进一步拓宽。除了工业节能、风力发电、水力发电领域，2019年首都机场还发行了1只规模为15亿元、期限为5年、票面利率为3.7%的绿色中期票据，用于北京大兴国际机场项目的建设；中国节能发行了1只规模为20亿元、期限为5年、票面利率为4.11%的绿色中期票据，其募集资金投向污染防治领域的多个环保项目。

从发行品种来看，2019年绿色债务融资工具在基础上进一步实现了绿色＋扶贫的创新。龙源电力集团股份有限公司于2019年9月26日发行5亿元绿色超短期融资券（扶贫），期限为270天，票面利率为2.6%，是全国首单绿色＋扶贫债务融资工具，用于偿还国家级贫困县风电项目贷款及风电公司借款，进一步改善公司融资结构，同时丰富了包括扶贫专项金融债、扶贫信用债和扶贫资产证券化产品在内的扶贫债券体系（见表 3 - 18）。

表 3 - 18　2018—2019 年中央国有企业发行绿色债务融资工具信息

简称	债券简称	发行日期	发行规模（亿元）	发行期限（年）	票面利率（％）	募集资金投向
融和租赁	18 融和融资 GN001	2018 年 1 月 17 日	10	3	6.21	绿色融资租赁
中国巨石	18 巨石 GN001	2018 年 5 月 3 日	2	3	5	玻璃纤维池窑拉丝生产线项目
	19 巨石 GN001	2019 年 7 月 18 日	5	3	3.75	
中广核风电	18 核风电 GN001	2018 年 6 月 4 日	10	3	5.47	风力发电项目
	19 核风电 GN001	2019 年 1 月 7 日	10	3	4.31	
三峡集团	18 三峡 GN001	2018 年 11 月 29 日	30	5	4.09	乌东德水电站项目；白鹤滩水电站项目
	19 三峡 GN001	2019 年 7 月 3 日	35	5	3.85	
	19 三峡 GN002	2019 年 8 月 27 日	20	3	3.35	
	19 三峡 GN003	2019 年 11 月 27 日	30	3	3.4	
华能天成租赁	19 天成租赁 GN001	2019 年 4 月 19 日	5	3	4.7	绿色融资租赁
	19 天成租赁 GN002	2019 年 11 月 21 日	10	3	4.3	
华电集团	19 华电 GN001	2019 年 6 月 28 日	30	3	3.64	置换绿色项目借款
首都机场	19 首都机场 GN001	2019 年 8 月 30 日	15	5	3.7	北京大兴国际机场

续表

简称	债券简称	发行日期	发行规模（亿元）	发行期限（年）	票面利率（%）	募集资金投向
龙源电力	19 龙源电力 GN001	2019 年 9 月 24 日	5	0.7377	2.6	国家级贫困县风电项目贷款
中国节能	19 中节能 GN001	2019 年 11 月 27 日	20	5	4.11	成都金堂环保发电项目；莱西市垃圾综合处理项目

资料来源：Wind 金融数据库，中央财经大学绿色金融国际研究院。

其中，三峡集团的发行实践具有重要意义，在清洁能源领域为我国水电站的建设作出了突出贡献。三峡集团是全球最大的水电开发运营企业和我国最大的清洁能源集团。在国家授权下，三峡集团负责金沙江下游溪洛渡、向家坝、乌东德、白鹤滩四座世界级巨型梯级水电站的开发建设与运营。其中，前两座水电站全部机组已于 2014 年建成投产发电，后两座分别于 2015 年和 2017 年通过国家核准并全面进入主体工程施工阶段。两年来，三峡集团累计发行绿色债务融资工具总规模达 115 亿元，募集资金全部用于乌东德和白鹤滩水电站项目。该项目是"西电东送"的骨干电源和促进国家能源结构调整的重大工程，对于带动库区经济社会发展、推动新时代西部大开发、实现国民经济稳增长具有重要意义。2020 年，这两座电站将陆续建成投产，届时全球装机排名前 10 位的水电站，有 5 座在三峡集团；全球 70 万千瓦以上的水轮发电机组，超过 2/3 在三峡集团；全球仅有的 16 台单机容量 100 万千瓦的水轮发电机组均在三峡集团。

（二）地方国有企业

2019 年，地方国有企业的发行规模、数量和品种均有所增加，地方国有企业仍是绿色债务融资工具最主要的发行人，但占比从 61.13% 下滑到 43.60%。2018 年地方国企发行 12 只绿色债务融资工具，发行规模共计 114.8 亿元，全部为绿色中期票据；2019 年发行 16 只绿色债务融资工具共计 143 亿元，发行规模同比增长 24.56%，品种较 2018 年更为丰富，包括 15 只中期票据和 1 只定向工具（见图 3－23）。

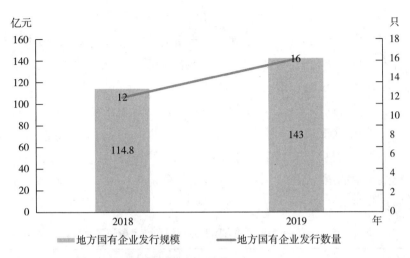

图3－23 2018—2019年地方国有企业绿色债务融资工具发行规模及发行数量

（资料来源：中央财经大学绿色金融国际研究院）

根据地方国有企业2018—2019年绿色债务融资工具发行总规模排名，可以发现成都地铁、越秀集团和武汉地铁分别以50亿元、37亿元、25亿元位居前三；除南京地铁和重庆轨道外，其余四家企业均连续发行两年；其中，越秀集团发行数量最多，为3只，用于广纸股份环保搬迁和林纸一体化项目和广纸集团环保迁建二期工程（见图3－24）。

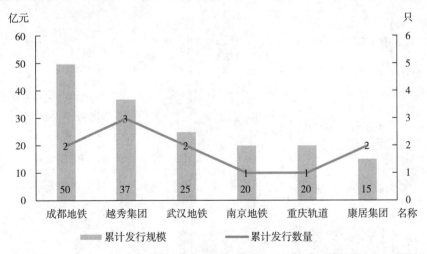

图3－24 2018—2019年地方国有企业绿色债务融资工具累计发行规模及发行数量

（资料来源：中央财经大学绿色金融国际研究院）

　　从募集资金用途来看，地方国有企业发行绿色债务融资工具的募集资金主要投向城市轨道交通、可持续建筑和再生资源回收加工及循环利用等领域。在累计发行总额排行前五名的企业中，投向城市轨道交通的有 4 家，发行总额达 115 亿元，占地方国有企业两年累计发行绿色债务融资工具总额的 44.6%。从发行期限来看，武汉地铁发行的两期绿色中期票据期限最长，均为 15 年，用于武汉轨道 2 号线南延线、5 号线以及 11 号线东段项目，总计投入 25 亿元，项目耗资大、建设周期长。从发行票面利率来看，康居集团发行的 2 期绿色中期票据票面利率均高于其他，分别为 6.38% 和 5.60%，用于绿色保障房建设（见表 3 - 19）。

表 3 - 19　2018—2019 年地方国有企业绿色债务融资工具发行总览

发行人简称	债券简称	发行起始日	发行规模（亿元）	发行期限（年）	票面利率（%）	募集资金投向	GB 二级分类
越秀集团	18 越秀集团 GN001	2018 年 2 月 24 日	20	5	5.48	广纸股份环保搬迁和林纸一体化项目	3.4 再生资源回收加工及循环利用
	18 越秀集团 GN002	2018 年 8 月 30 日	10	3	4.1		
	19 越秀集团 GN001	2019 年 9 月 5 日	7	5	3.78		
武汉地铁	18 武汉地铁 GN001	2018 年 7 月 27 日	15	15	4.62	武汉轨道 2 号线南延线和 11 号线东段项目	4.2 城市轨道交通
	19 武汉地铁 GN001	2019 年 12 月 11 日	10	15	3.90	武汉轨道交通 2 号线南延线和 5 号线项目	
康居集团	18 浦口康居 GN006	2018 年 11 月 8 日	5	3	6.38	—	1.2 可持续建筑
	19 浦口康居 GN001	2019 年 1 月 24 日	10	3	5.60	绿色保障房建设	

发行人简称	债券简称	发行起始日	发行规模（亿元）	发行期限（年）	票面利率（％）	募集资金投向	GB 二级分类
成都地铁	18 蓉城轨交 GN001	2018 年 12 月 4 日	20	5	4.17	成都地铁项目	4.2 城市轨道交通
	19 蓉城轨交 GN001	2019 年 3 月 4 日	30	5	4.40		
南京地铁	19 南京地铁 GN001	2019 年 3 月 12 日	20	5	4.18	南京地铁项目	
重庆轨道	19 重庆轨交 GN001	2019 年 9 月 18 日	20	5	4.09	重庆轨道交通项目	

资料来源：中央财经大学绿色金融国际研究院。

广州越秀集团作为两年来累计发行数最多的地方国有企业，在环保纸领域的发行实践值得关注。越秀集团丁 1985 年在香港成立，截至 2019 年 6 月底，集团总资产超过 6300 亿元人民币，业务涵盖广泛，包括金融、房地产、交通基建、食品、造纸等产业。广州越秀集团近两年来发行的 3 期、规模总计 37 亿元的绿色中期票据主要用于广州造纸集团有限公司环保项目。

第五节　绿色地方政府专项债券①

市政债券是基于地方政府信用、以地方政府或其授权代理机构为发债主体向公众公开发行的有价证券，募集资金主要用于支持当地基础设施建设和社会公益性项目建设。市政债券作为地方政府债券的重要组成，因其公益性和收益性并重的特点，在化解地方隐性债务风险、提升逆周期调节执行力、调整优化产业结构等方面具备突出优势。目前，我国绿色市政债券正处于发展起步阶段，本节将借鉴国际经验，梳理我国绿色市政债券的市场实践情况，并针对绿色市政债券发展过程中出现的难点和问题提出展望及建议。

---

① 云祉婷. 绿色市政债券的市场实践及发展建议［EB/OL］.（2020－01－12）http：// iigf. cufe. edu. cn/article/content. html？ id＝1942.

一、发展背景

市政债券募集资金主要用于支持当地基础设施建设和社会公益性项目建设。按照所投资项目能否提供足够收益，市政债券可分为两类，无收益的由一般公共预算收入偿还，有收益的由政府性基金或专项收入偿还。从举债主体、偿债安排、募集资金投向来看，市政债券具备多重比较优势，可有效适配"腾笼换鸟、凤凰涅槃"的发展需求。

体现防风险职能，整合城投平台风险。2015年开始实行的新预算法规定，地方政府只能通过发行地方政府债券方式举债。近年来我国借助一系列的监管引导和违规处罚，通过"开前门、堵后门"的方式一再规范地方政府举债行为。而市政债券的发行主体为省级行政区和计划单列市，受到地方债额度调控，有助于地方实施较为精准的风险敞口控制，规避了过去城投平台发挥地方融资职能造成的城投债券偿付问题，也避免了通过政府出具担保函、承诺回购等违规方式进行融资造成的隐性债务扩容。值得一提的是，自2017年起我国从土地储备和收费公路领域开展试点，逐步建立专项债券与项目资产、收益对应的制度，为地方政府进一步通过专项债券满足融资需求创造了条件。

发挥调节结构功能，提升供给侧结构性改革执行力。市政债券可以体现产业布局的前瞻性安排，相比于当地金融机构或企业，地方政府对于当地产业发展痛点、经济结构调整难点有着更为清晰的定位与更为精准的把控，其前瞻性可自上而下通过实施产业政策补短板，其主体理性有利于规避市场盲目情绪更好地实施逆周期安排。此外，市政债券由地方政府直接发行投资，投融资主体的统一缩减了产业政策传导的中间环节，有助于提升政策传导效率和产业扶持效果。在当前经济高质量发展的换挡期，产业结构亟待优化，市政债券为满足地方调整经济结构、实现高质量发展注入了新的活力。

提升惠民生效能，满足人民对美好生活的向往。公益性为市政债券发行的必要条件，我国市政债券主要用于支持市政建设和公共服务。从以往实践来看，我国市政债券的募集资金广泛用于棚户区改造、收费公路、城乡建设等惠及民生的领域，对于精准脱贫、满足人民对美好生活的向往提供了有力支持。目前，我国仍面临着巨大的资源环境压力，完善的生态文明建设需要大量环境基础设施建设和升级，市政债券有望成为满足潜在融资需求的抓手。

二、市场实践

绿色市政债券，是指募集资金主要投向节能环保、清洁能源、绿色交通、绿色建筑等绿色领域的市政债券，具有较强的正外部性，可成为地方政府实现经济绿色转型的有力抓手。2019 年 11 月，人民银行发布《中国绿色金融发展报告（2018）》，强调要鼓励绿色金融产品和服务创新，探索发行真正意义的绿色市政债券。在稳增长、调结构、防风险三重压力并存的当下，如何在不扩大信用风险敞口的同时，借助多层次资本市场实现地方经济高质量转型和产业结构优化，已经成为亟待解决的问题。目前，绿色市政债券在部分发达国家已经积累了丰富的实践经验，我国正处于起步阶段，对于绿色属性与市政债券的深度结合仍在探索中，绿色市政债券的比较优势有待进一步发挥。

（一）首单绿色市政债券聚焦地下管廊，专项债试点提供更大想象空间

我国目前发行的绿色市政债券仍然较少，2019 年 6 月，绿色金融改革创新实验区之一的江西省赣江新区发行了我国首单绿色市政债券，信用评级为 AAA，募资资金 3 亿元用于儒乐湖新城综合管廊和智慧管廊项目建设，获得市场超过 33 家机构认购，超额认购倍数达 12 倍，市场认可度较高。

江西省起到了良好的示范作用，未来绿色市政债券的实践仍有较大的想象空间。从我国现行绿色债券分类标准来看，能够产生持续稳定收益的项目品种丰富，如公路铁路建设、水利工程、资源节约项目等，为市政专项债券提供了广泛的应用范围。从市政债券品种来看，由财政收入支付的一般市政债券也具备开发价值，生态修复、生物多样性保护等收益性较差，但公益性较强的绿色项目可以借力市政债券带来更好的发展。从融资缺口来看，2018 年至今我国累计发行了 2.4 万亿元非贴标绿色地方政府债券，其中 5532 亿元募集资金用于各类绿色项目，庞大的绿色融资需求为市政债券提供了坚实的发行基础。

（二）资信、期限优势明显，可精准匹配绿色发展需求

对于绿色产业融资需求而言，市政债券具备多重比较优势。从发行角度

来看，省级政府或计划单列市直接发行使得市政债券信用等级较高，已发行绿色市政债券评级均为 AAA 级，有助于节约融资成本。从投资角度来看，市政债券票息免税，即投资者购买市政债券一般可以免缴利息所得税。

目前我国已发行的绿色市政债券均为专项债券，其核心特征即通过项目收益而非财政收入满足债券偿付需求。以江西省赣江新区绿色市政债券为例，其投资的两个管廊项目总建设成本为 15.76 亿元，其中通过市政债券募集资金 12.5 亿元，预计未来产生收益共计 25.51 亿元，可完全覆盖项目建设成本和债券融资成本，在不扩大地方财政支付压力的前提下，满足了当地管廊建设的绿色发展需要。值得一提的是，该债券期限为 30 年，而我国贴标绿色债券加权平均期限不足 5 年，市政债券对长期限的支持可有效适配绿色产业建设周期长、投资回报慢的特点，为难以通过资本市场获得长期低成本资金支持的行业提供了融资机遇。

（三）我国市政债机制尚未健全，相比国际实践仍有优化空间

美国是全球最早发行市政债券的国家，也是绿色市政债券最大的发行国。相比于美国，我国绿色市政债券整体处于起步阶段，尚未形成规模化发行趋势。从投资者类型来看，美国市政债券个人投资者持有比例超过 40%，共同基金持有超过 20%，考虑到共同基金的主要持有者多为个人，美国市政债券的个人投资者参与度较高，二级市场交易活跃。我国市政债券 70% 以上由商业银行持有，个人持有比例不超过 5%，公众参与度和二级市场活跃度与美国存在明显差别。

从债券偿付机制设计来看，我国市政债券的分类方式与美国类似。但区别在于，美国以项目收益偿还的收益债券风险高于以政府的税收收入为保证的一般责任债券，因而收益债券的利率也显著高于一般责任债券。我国专项债券以专项收入或者政府基金来偿还，即债券信用风险直接对应政府性基金或专项收入，而非直接对应项目收益，从投资者的角度专项市政债券兑付仍然由政府财政担保，因而市场对一般债券和专项债券的辨识度不高，两者的利差不显著。

三、展望与建议

绿色专项债券集公益性、收益性及正外部性于一体，可以有效地匹配地

方逆周期产业结构调整需求和高质量发展需要，应当在经济绿色转型的进程中发挥更大作用。针对绿色专项债券面临的难点和发展前景，本书提出以下建议。

第一，加强顶层设计支持，推行绿色专项债券试点。目前我国已发行绿色专项债券的省份仅两个，对于绿色产业的覆盖较为狭窄，服务地区相对局限。未来应进一步推进绿色专项债券试点，鼓励绿色金融改革创新试验区发行绿色市政债券，通过示范效应推动其发展。同时，我国目前专项债券发行主体仅限省级行政区和计划单列市，而由一般地级市发行的政府债占我国政府债总发行规模的40%以上，未来可研究在不扩大信用风险敞口的情况下将专项债券发行主体扩展至地级市，扩展绿色市政债券的发行主体，更好地满足市县级地区的绿色融资需求。

第二，出台专项指引，鼓励非贴标绿色专项债券向贴标绿色债券转化。目前，人民银行、证监会、交易商协会均已出台专门指引性文件，鼓励相关主体发行绿色债券，但尚无针对政府债券的相关指引。考虑到2019年由地方政府发行的非贴标绿色债券实际投向绿色产业规模已近3000亿元，探索发行了生态环保建设、供水和污水治理、防洪工程建设、轨道交通等具备绿色属性的专项债券，在此建议财政部出台针对绿色专项债券的指引文件，鼓励地方政府发行绿色专项债券，进一步鼓励非贴标专项债向贴标绿色债券转化，提升地方政府发行意愿。

第三，完善基础设施建设，丰富专项债券二级市场。美国是全球最早发行市政债券的国家，其个人投资者持有比例超过40%。相比之下，我国地方政府专项债券70%以上由商业银行持有，个人持有比例不超过5%，公众参与度和二级市场活跃度存在明显差别。未来应通过多种方式，在满足适当性准入要求的前提下拓宽投资者认购渠道，如发行相应公募基金等。通过丰富的产品体系满足投资者投资意愿和参与路径，同时提升专项债券的交易活跃度以及市场影响力。

第四，鼓励金融产品创新，丰富专项债券增信方式。考虑到绿色专项债券的正外部性，可探索建立创新性的付息机制，例如将债券票息与绿色产业发展指标或相关环境指数挂钩，形成社会环境效益、产业经济效益与投资者收益的正向循环，更好地服务绿色经济转型。目前，专项债券偿付大多通过专项收入或者政府基金实现，相应的增信担保机制较为匮乏。美国已经设立了专门机构通过市政债券保险提供增信支持与违约救济，即在债券发行人实际未支付到期本息时，由保险公司承诺偿还本息。我国目前尚未形成相应体系，可根据实际情况，通过大型保险机构设立专门保险，或由政府牵头设立相应的保障基金，丰富专项债券的增信机制，探索降低发行成本，同时对投资者提供更好保障。

第四章　境内贴标绿色债券案例分析

2019 年，境内绿色债券市场在发行总量高速增长的基础上实现了多维度的创新，绿色债券应用场景更为广泛、债券品种更为丰富、产品设计更为多样，为绿色债券市场长期高质量发展提供了实践范例。

本章选取六个典型案例进行分析，包括首单非金融企业可持续发展债券"南京浦口康居建设集团有限公司 2019 年度第一期绿色定向债务融资工具"、首单可交换绿色债券"中国长江三峡集团有限公司公开发行 2019 年绿色可交换公司债券（第一期）"、首单绿色市政债"2019 年江西省赣江新区绿色市政专项债券（一期）——2019 年江西省政府专项债券（七期）"、首单绿色扶贫债务融资工具"龙源电力集团股份有限公司 2019 年度第一期绿色超短期融资券（扶贫）"、金融租赁绿色债券"江苏金融租赁股份有限公司 2019 年第一期绿色金融债券"、项目收益债券"2019 年第一期云南省投资控股集团有限公司玉磨铁路及蔬菜园项目公司债券"，为绿色债券市场的进一步创新发展提供有效借鉴。

第一节　首单非金融企业可持续发展债券
——南京浦口康居绿色债务融资工具

近年来，国际市场逐步探索将绿色债券与可持续发展相结合，鼓励发行债券支持同时具有环境效益和社会效应的项目。根据国际资本市场协会发布的《可持续发展债券指引》，可持续发展债券指募集资金专项用于绿色和社会项目融资与再融资的债券。可持续发展债券募集资金投向及发行框架需同时符合《绿色债券原则》《社会债券原则》的要求。在此背景下，浦口康居于 2018 年 11 月发行国内首单非金融企业主体可持续发展债券。2019 年 1 月，浦口康居再次发行可持续发展债券"19 浦口康居 GN001"，本期债券募集资金将全部投向绿色建筑保障房项目，用于改善居民居住环境，解决低收入家庭住房困难问题，助力绿色保障性住房事业发展。

一、债券基本信息

2018 年 11 月，"南京浦口康居建设集团有限公司 2018 年度绿色债务融资工具"在银行间市场发行，该债务融资工具注册金额为 23 亿元，首期发行为 5 亿元，期限为 3 年，主体评级为 AA 级，为国内首单发行的非金融企业主体可持续发展债券，募集资金将全部投向绿色建筑保障房项目，用于改善居民居住环境，解决低收入家庭住房困难问题，助力实现百姓"住有所居"且住得环保。本期债券为 2019 年 1 月发行的"南京浦口康居建设集团有限公司 2019 年度第一期绿色定向债务融资工具"，简称"19 浦口康居 GN001"，期限为 3 年，发行规模为 10 亿元人民币，票面利率为 5.6%，计息方式为年息固定利率，债券基本信息见表 4 – 1。

表 4 – 1　南京浦口康居建设集团有限公司 2019 年度第一期绿色定向债务
融资工具基本信息

证券名称	南京浦口康居建设集团有限公司 2019 年度第一期绿色定向债务融资工具
证券简称	19 浦口康居 GN001
证券代码	131900002. IB
主体评级	AA + 级
评级机构	联合资信评估有限公司
评估认证机构	北京中财绿融咨询有限公司
发行规模（亿元）	10
债券期限（年）	3
票面利率（%）	5.6
计息方式	固定利率
付息频率	每年
发行日	2019 年 1 月 24 日
发行价格（元）	100

资料来源：中央财经大学绿色金融国际研究院。

二、发行人基本情况

南京浦口康居建设集团有限公司成立于 2014 年 5 月，康居集团是浦口区为统筹推进保障性住房建设而成立的专业性建筑集团。作为国有独资企业，公司注册资本为 47.49 亿元，总资产为 560 亿元，信用评级为 AA + 级。企业主营业务包括全区保障性住房的规划和建设；城市功能项目和产业转型升级载体的投资、建设和管理；土地一级开发整理和持有性物业的开发、建设、经营等，以保障性住房建设和人才安居住房建设为主。

三、外部评估认证

本期债券由北京中财绿融咨询有限公司进行评估认证，本期债券募集资金投向绿色保障房建筑，本期可持续发展债券支持的保障房项目将严格按照绿色建筑标准进行建设，建成后的住宅及公共建筑达到国家绿色建筑二星级以上标准，具有环境优美、节能降耗、舒适度高等特点，节能减排效果明显。募投项目采取多种绿色生态技术，具有显著的节能、节水、节材效益。

在环境效益显著的同时，该绿色保障房建设有助于改善居民居住环境，解决低收入家庭住房困难问题。因此，该募投项目同时符合《绿色债券原则》《社会责任债券原则 2018》的要求，被界定为可持续发展债券支持项目。

四、积极成效

1. 环境效益显著

我国早在 2006 年就开始了有关绿色建筑的实践，截至 2018 年末，我国累计评选出 1.43 万个绿色建筑标识项目，经认证的绿色建筑面积已超过 12 亿平方米。将绿色建筑实施在保障性住房中，能够有效提高保障性住房的耐久性、安全性、健康性和舒适性，并且对在全社会推行绿色建筑具有重要示范效应。据评估认证机构测算，募投项目年节电量为 386.76 万度，折合年标煤节约量为 484.87 吨，年节水量为 81344.7 立方米，并可节省大量建筑材料，环境效益显著。

2. 改善当地居民生活环境，提高住房保障水平

保障性住房是我国为解决中低收入家庭住房问题而推出的一项民生工程，绿色保障性住房的发展不仅可以有效推动绿色建筑领域发展，也有助于解决民生问题。住建部召开的绿色保障房技术培训会提出，绿色保障房即将进入大规模推广实施阶段。浦口康居本次发行的绿色债券支持项目，符合《社会

责任债券原则》（SBP）要求的社会效益类项目，具有典型的社会效应。

第二节　首单绿色可交换债券——三峡集团绿色可交换公司债券

　　可交换债券是指上市公司股份持有者通过抵押其持有的上市公司股票从而发行的公司债券，债券持有人在将来的某个时期内可以按照债券发行时的约定条件，用持有债券以约定价格换取发行人抵押的上市公司股权。中国长江三峡集团于 2019 年 4 月 4 日发行 200 亿元绿色可交换债券，通过尝试发行绿色可交换公司债券，为大型水电项目建设融得低成本资金。该债券为资本市场首单绿色可交换债券，也是市场上规模最大的绿色可交换债券，是三峡集团在交易所市场首次尝试股债混合的融资工具，落实了国资委对中央企业降杠杆减负债工作要求。

一、债券基本信息

　　"中国长江三峡集团有限公司公开发行 2019 年绿色可交换公司债券（第一期）"于 2019 年 4 月发行，简称"G 三峡 EB1"，期限为 5 年，发行规模为 200 亿元，该债券募集资金 70% 以上将用于乌东德和白鹤滩水电站建设，其余资金用于补充营运资金。该债券票面年利率为 0.5%，计息方式采取单利按年计息，不计复利，发行方式采取网上面向公众投资者公开发行和网下面向合格机构投资者询价配售相结合。该债券以长江电力（600900.SH）A 股为换股标的，初始换股价格 18.8 元/股，详细信息见表 4 – 2。

表 4 – 2　中国长江三峡集团有限公司公开发行 2019 年绿色可交换公司债券基本信息

债券名称	中国长江三峡集团有限公司公开发行 2019 年绿色可交换公司债券（第一期）
债券简称	G 三峡 EB1
债券代码	132018
主体评级	AAA 级
信用评级	AAA 级
评级机构	中诚信证券评估有限公司
评估认证机构	安永华明会计师事务所（特殊普通合伙）

债券名称	中国长江三峡集团有限公司公开发行2019年绿色可交换公司债券（第一期）
发行规模（亿元）	200
债券期限（年）	5
票面年利率（%）	0.5
利息种类	固定利率
付息频率	每年一次
发行日	2019年4月4日
发行价格（元）	100

资料来源：《中国长江三峡集团有限公司公开发行2019年绿色可交换公司债券（第一期）在上海证券交易所上市的公告》。

其中，乌东德水电站是金沙江下游河段四个水电梯级的最上游梯级，坝址所处河段左岸隶属四川省会东县，右岸隶属云南省禄劝县，是我国继三峡、溪洛渡之后拟建的又一座千万千瓦级巨型水电工程。乌东德水电站以发电为主，兼顾防洪、航运和促进地方经济社会发展。

白鹤滩水电站位于四川省宁南县和云南省巧家县境内，是金沙江下游干流河段梯级开发的第二个梯级电站，主要以发电功能为主，兼有防洪、拦沙等综合效益。白鹤滩在金沙江下游四个梯级中调节库容最大，调节性能最好，电站除自身巨大的发电效益外，梯级效益也相当显著。

二、发行人基本情况

中国长江三峡工程开发总公司经国务院批准于1993年9月成立，后更名为"中国长江三峡集团有限公司"（以下简称三峡集团），注册资本为2115亿元，属于国有独资公司。三峡集团是全球最大的水电开发企业、国内最大的清洁能源集团以及中国海上风电的引领者。

三峡集团在深度融入长江经济带、共抓"长江大保护"中发挥骨干主力作用，在促进区域可持续发展中承担基础保障功能，在推动清洁能源产业升级和创新发展中承担引领责任，推进企业深化改革，加快建成具有较强创新能力和全球竞争力的世界一流跨国清洁能源集团。围绕清洁能源主业形成了工程建设与咨询、电力生产与运营、流域梯级调度与综合管理、国际能源投资与承包、生态环保投资与运营、新能源开发与运营管理、资本运营与金融业务、资产管理与基地服务八大业务板块。业务遍布国内 31 个省、自治区和直辖市，以及全球 40 多个国家和地区。

三、外部评估认证

本期债券募集资金 70% 以上将用于乌东德、白鹤滩水电站建设，扣除发行费用后剩余部分用于补充流动资金。经安永华明第三方独立认证，乌东德、白鹤滩水电站建设符合上交所《关于开展绿色公司债券试点的通知》及中国金融学会绿色金融专业委员会公布的《绿色债券支持项目目录（2015 年版)》要求，属于绿色项目资金用途。本期绿色债券募集资金用途投向的项目属于以下分类，募投项目环境效益如表 4-3、表 4-4 所示。

表 4-3　中国长江三峡集团有限公司公开发行 2019 年绿色可交换
公司债券募集资金投向分类

一级分类	二级分类	三级分类	说明或界定条件	备注
5. 清洁能源	5.6 水力发电	5.6.1 设施建设运营	指以水力发电为目的的水库大坝、水工隧洞、电站厂房、发电机组等水力发电设施建设运营	符合《2014 年能源工作指导意见》及其他相关文件规定，且通过生态环境保护和移民安置方案论证的项目

资料来源：《中国长江三峡集团有限公司公开发行 2019 年绿色可交换公司债券（第一期）募集说明书》。

表 4-4　中国长江三峡集团有限公司公开发行 2019 年绿色可交换
公司债券募投项目环境效益

乌东德水电站		白鹤滩水电站	
节省标煤（万吨）	1214.0	节省标煤（万吨）	1929.49
减少二氧化碳排放量（万吨）	3116.3	减少二氧化碳排放量（万吨）	4953.00
减少二氧化硫排放量（万吨）	33.2	减少二氧化硫排放量（万吨）	56.02
减少氮氧化物排放量（万吨）	9.35	减少氮氧化物排放量（万吨）	14.86

资料来源：《中国长江三峡集团有限公司公开发行 2019 年绿色可交换公司债券（第一期）募集说明书》。

四、积极成效

1. 实现绿色债券品种创新

作为首只绿色可交换债券，本期债券发行进一步丰富了绿色债券品种。可交换债券由于换股权益，本身具备较强的权益融资属性，有助于优化发行人债务结构，在不增加杠杆的前提下合理融资。因此，本次发行对于绿色债券发行人充分利用多层次资本市场满足绿色项目融资需求起到了示范作用，受到市场广泛认购，超额认购倍数逾 110 倍，网下发行规模达 180 亿元，网上发行规模达 20 亿元。

2. 节能减排成效明显

本期绿色债券募投项目在通过水力发电的同时，兼具防洪、拦沙功能，减少二氧化碳、二氧化硫、氮氧化物排放量等效益。按可减少煤电发电煤耗进行计算，乌东德和白鹤滩水电站建成后，预计平均每年可节省标煤总计约 3143.49 万吨，减少二氧化碳排放量约 8069.3 万吨，减少二氧化硫排放量约 89.22 万吨，减少氮氧化物排放量约 24.21 万吨，节能减排成效显著。

第三节　首单绿色市政债券——江西省赣江新区绿色市政专项债券

市政债券是地方政府利用政府信用发行的债务凭证，江西省赣江新区作为我国绿色金融改革创新试验区之一，率先发行了国内首单绿色市政专项债券，可有效降低政府融资成本，缓解政府偿债压力，丰富绿色债券市场产品结构，对于政府支持绿色金融市场发展起到了示范效用。

一、债券基本信息

江西省赣江新区绿色市政专项债券计划募集资金 12.5 亿元，分三期发行，二期、三期分别计划于 2020 年、2021 年发行。本期债券发行规模为 3 亿元，期限为 30 年，票面利率为 4.11%，债券基本信息见表 4-5。

表4-5　江西省赣江新区绿色市政专项债券（一期）基本信息

债券全称	2019 年江西省赣江新区绿色市政专项债券（一期）——2019 年江西省政府专项债券（七期）
发行人	江西省人民政府
发行规模（亿元）	3
票面金额（元）	100
发行价格	平价发行
发行时间	2019 年 6 月 18 日
发行方式	采用单一价格荷兰式招标方式发行
上市场所	上海证券交易所
评级机构	上海新世纪资信评估投资服务有限公司
评估认证机构	联合赤道环境评价有限公司
主体评级	AAA 级
债项评级	AAA 级
期限（年）	30
票面利率（%）	4.11

资料来源：中央财经大学绿色金融国际研究院。

本次绿色市政债券拟发行金额为 12.5 亿元人民币，首期发行 3 亿元人民币，本期募集资金将用城市地下综合管廊建设等项目，属于具有节能效益的城乡基础设施建设，筹集资金具体使用情况见表 4-6。

表4-6　江西省赣江新区绿色市政专项债券（一期）募集资金投向及偿债情况

项目名称	项目总投资额（万元）	拟发行专项债券（万元）	本期发行专项债券（万元）	偿债资金来源	本息覆盖倍数
儒乐湖新城一号综合管廊兴业大道（空港大道—金水大道）项目	42820.36	30000	15000	入廊使用费、管廊维护管理费、综合开发收入以及财政补贴收入	1.22
儒乐湖新城智慧管廊项目	121427.96	95000	15000	入廊使用费、管廊维护管理费、综合开放收入以及财政补贴收入	1.59

资料来源：2019 年江西省赣江新区绿色市政专项债券（一期）募投项目情况。

二、发行人基本情况

2016 年 6 月，国务院批复设立江西省赣江新区，同年 10 月，赣江新区正式挂牌，成为中部地区第 2 个、全国第 18 个国家级新区，以光电信息、生物医药、智能装备制造、新能源与新材料、有机硅、现代轻纺为六大主导产业。

2017 年 6 月，经国务院批准，赣江新区成为全国首批五个试验区之一、中部地区唯一的"绿色金融改革创新试验区"。获批以来，赣江新区着力建立绿色金融机制，创新绿色金融产品，扩大绿色金融供给，打造以绿色金融为特色的现代金融服务体系，绿色金融改革创新试验区建设推进有力、成效明显。此次率先发行绿色市政专项债券，填补了市场空白，成为试验区在绿色金融领域又一重要成果。

三、外部评估认证

联合赤道环境评价有限公司为本次绿色债券进行评估认证，对本次发行绿色债券的募集资金用途、项目评估与筛选、信息披露进行审查，并确认项目的合规性，认定本次绿色市政债券募集资金能够全部用于绿色产业项目。

为评估此次项目的绿色属性，联合赤道对本次项目的可行性分析报告进行了审核。对照《绿色债券支持项目目录（2015 年版）》，确认本次项目属于"1. 节能—1.4 具有节能效益的城乡基础设施建设—1.4.1 设施建设—城市地下综合管廊项目"类；对照《产业结构调整指导目录（2011 年版）》（2013 年修正），本次项目皆属于"鼓励类—二十二、城市基础设施—8、城镇地下管道共同沟建设"。本期债券募集资金分类情况详见表 4-7。

表 4-7　江西省赣江新区绿色市政专项债券（一期）募投项目分类

项目名称	绿色项目分类（一级）	绿色项目分类（二级）	绿色项目分类（三级）
儒乐湖新城一号综合管廊兴业大道（空港大道—金水大道）项目	节能	具有节能效益的城乡基础设施建设	设施建设—城市地下综合管廊项目
儒乐湖新城智慧管廊项目			

资料来源：《江西省赣江新区绿色市政专项债券发行前独立评估认证报告》。

此外，联合赤道对本次绿色市政债券提名项目环境效益进行复核，采用生命周期碳排放计算方法，计算得出 100 年使用周期内两个综合管廊项目建设预计每年可减少二氧化碳排放量 2156.32 吨，节约标煤 795.69 吨，节约天然气 26833.85 立方米，自来水 96598.57 吨，环境效益测算具体情况详见表 4－8。

表 4－8　江西省赣江新区绿色市政专项债券（一期）募投项目环境效益测算

项目名称	节约标煤 （吨/年）	减排二氧化碳 （吨/年）	节约天然气 （立方米/年）	节约自来水 （立方米/年）
一号管廊项目	229.36	621.57	7735.023	27845.14
智慧管廊项目	566.33	1534.75	19098.82	68753.43
合计	795.69	2156.32	26833.85	96598.57

资料来源：《江西省赣江新区绿色市政专项债券发行前独立评估认证报告》。

四、积极成效

1. 开创绿色市政债券先河

市政债券信用等级较高，投资风险较低，可有效满足绿色产业投融资的需求。市政债券的发行，能够缓解绿色项目融资难、融资贵、期限错配等问题，有利于促进绿色产业可持续发展。本次绿色市政债券的顺利发行，是一次绿色债券创新方面的成功探索，为产生稳定可持续收益的城市基础设施建设和资源节约项目提供了可行融资路径。同时，绿色金融改革创新试验区作用得以充分发挥，有助于形成可复制、可推广的实践经验，具有重要意义。

2. 超长期限解决绿色项目期限错配问题

绿色项目建设周期和投资回报周期往往较长，"一号综合管廊"和"智慧管廊"项目建设周期都相对较长。我国境内贴标绿色债券平均期限为 5 年左右，本期绿色市政专项债券期限长达 30 年，能够有效支持项目建设；受益于政府较高的信用等级，绿色市政债券可为项目运营提供长期低成本资金解决方案。

3. 项目收益偿付缓解财政压力

本次专项债券以入廊使用费、管理维护费、综合开发收入和财政补贴为收益来源，进行还本付息，按照既定价格、数量、综合开发情况及成本费用测算出的专项债券存续期间的现金流量，可覆盖债券存续期间各年利息及到期偿还本金的支出需求，并且预估 2050 年本金偿还后，"一号综合管廊项目"仍有 5000 万元左右的期末结余。即使运营期成本费用、债券利率等影响因素在 10% 左右的范围内变动，专项债券存续期间的本息资金覆盖率仍大于1，内在稳定性与抗风险能力较强，形成财政压力较低。

第四节　首单绿色扶贫债务融资工具
——龙源电力绿色超短期融资债券（扶贫）

2019 年是打赢脱贫攻坚战关键之年，如何通过多层次资本市场支持扶贫事业已成为金融领域的关键问题。目前，我国扶贫债券市场已发行包括扶贫专项金融债券、扶贫信用债券、扶贫资产证券化在内的多种金融产品。2019年，龙源电力发行全国首单绿色＋扶贫的债务融资工具，绿色债券与扶贫领域的结合更为深入。

一、债券基本信息

本期债券为超短期融资券，发行金额为人民币 5 亿元，期限为 270 天，票面利率为 2.6%，由农业银行主承，债券详细信息见表 4 – 9。

表 4 – 9　龙源电力集团股份有限公司 2019 年度第一期绿色超短期融资券
（扶贫）债券基本信息

债券全称	龙源电力集团股份有限公司 2019 年度第一期绿色超短期融资券（扶贫）
发行人	龙源电力集团股份有限公司
发行规模（亿元）	5
票面金额（元）	100
发行价格	平价发行
发行时间	2019 年 9 月 24 日至 25 日
发行方式	公开发行
上市场所	全国银行间债券市场
评级机构	中诚信国际信用评级有限责任公司

续表

债券全称	龙源电力集团股份有限公司 2019 年度第一期绿色超短期融资券（扶贫）
评估认证机构	中国诚信信用管理股份有限公司
主体评级	AAA 级
期限（天）	270
票面利率（%）	2.60

资源来源：中央财经大学绿色金融国际研究院。

本期债券发行规模总计 5 亿元人民币，募集资金的 32.08% 将用于归还位于国家级贫困县贵州省威宁县境内的龙源贵州风力发电有限公司银行贷款，剩余的 67.92% 将用于偿还发行人下属风电公司借款，具体用途详见表 4 – 10。

表 4 – 10　龙源电力集团股份有限公司 2019 年度第一期绿色超短期
融资券（扶贫）募集资金用途

类型	借款单位	借款银行	借款用途	贷款到期日	募集资金偿还额度（万元）
绿色扶贫贷款	龙源贵州风力发电有限公司	中国工商银行	大海子风电场	2019 年 11 月 2020 年 5 月	9840
	龙源贵州风力发电有限公司	中国工商银行	梅花山风电场	2020 年 1 月	6200
	合计				16040
绿色贷款	龙源盱眙风力发电有限公司	农业银行盱眙支行	江苏盱眙（仇集）低风速示范项目	2019 年 9 月	2500
	龙源盱眙风力发电有限公司	农业银行盱眙支行	江苏盱眙（仇集）低风速示范项目	2020 年 3 月	2750
	龙源大丰风力发电有限公司	农业银行盐城大丰支行	龙源大丰三期 200 兆瓦风力发电项目	2019 年 11 月	6000
	龙源启东风力发电有限公司	农业银行如东县支行	江苏启东东元风电场	2019 年 10 月	20980
	龙源（如东）风力发电有限公司	农业银行如东县支行	如东二期风电特许权项目	2019 年 10 月	1730
	合计				33960

资源来源：《龙源电力集团股份有限公司 2019 年度第一期绿色超短期融资券（扶贫）募集说明书》。

二、发行人基本情况

龙源电力集团股份有限公司成立于1993年1月，成立时隶属于国家能源部，2002年划归国电集团，现已成为一家以新能源为主的大型综合性发电集团，在全国拥有300多个风电场、8个光伏电站和2个火电企业，业务分布于中国32个省（地区）和加拿大、南非等国家。龙源电力主营业务为风电场的设计、开发、管理及运营，公司一直致力于秉持绿色发展理念，将ESG责任理念融入企业战略与运营实践中，并长期贯彻落实国家节能减排政策。在企业经营管理中，履行环境责任，强化环境保护，努力塑造公司绿色低碳形象，并为促进生态文明健康发展贡献力量。

三、外部评估认证

中国诚信信用管理股份有限公司为本次发行的绿色债券进行评估认证，经中诚信绿色评估委员会审定，授予龙源电力集团股份有限公司 Ge-1 绿色企业等级，说明龙源电力集团企业经营的业务表现、环境表现、社会表现及公司治理的综合水平绿色化程度极高。

中国诚信信用管理股份有限公司确认龙源电力集团绿色主营业务收入占比达85.21%、利润占比达94.2%，符合中国绿金委编制的《绿色债券支持项目目录（2015年版）》及银保监会发布的《绿色信贷统计表（2013年）》中所涉及的绿色业务，主营业务范围情况详见表4-11。

表4-11　龙源电力集团主营业务分类情况

绿色业务		《绿色债券支持项目目录（2015年版）》	《绿色信贷统计表（2013年）》
风力发电		5. 清洁能源 - 5.1 风力发电 - 5.1.1 设施建设运营	7. 可再生能源及清洁能源项目 - 7.2 风力发电项目
其他业务	光伏发电	5. 清洁能源 - 5.2 太阳能光伏发电 - 5.2.1 设施建设运营	7. 可再生能源及清洁能源项目 - 7.1 太阳能项目
	生物质发电	3. 资源节约与循环利用 - 3.6 生物质资源回收利用 - 3.6.1 装置/设施建设运营	7. 可再生能源及清洁能源项目 - 7.3 生物质能项目
	潮汐、地热发电	5. 清洁能源 - 5.7 其他新能源利用 - 5.7.1 设施建设运营	7. 可再生能源及清洁能源项目 - 7.5 其他可再生能源及清洁能源项目

资料来源：《龙源电力集团股份有限公司绿色企业评估报告（2019年度）》。

四、积极成效

1. 首单"绿色＋扶贫"债务融资工具

债务融资工具市场已初步形成多层次、链环式、可组合的产品工具箱，其中既包括短期融资券、超短期融资券、中期票据等支撑型基础序列产品，也包括熊猫债、永续票据、并购票据、创投企业债务融资工具、扶贫票据、双创专项债务融资工具、社会效应债券、定向可转换票据、供应链融资票据等引领型创新序列产品。本期债券为银行间债券市场首次将"绿色＋扶贫"相结合，利用金融产品创新推进区域绿色发展并带动当地群众脱贫致富，是打赢污染防治和精准脱贫两大攻坚战的重要举措，进一步增强了债务融资工具服务国家重大战略的能力。

2. 精准扶贫支持当地经济发展

为切实做好精准扶贫精准脱贫工作，政府鼓励企业在具备资源条件的老区积极有序地开发资源经济，本次绿色债券募集资金的 32.08% 将用于归还龙源贵州风力发电有限公司风电项目的银行贷款。龙源贵州风力发电位于国家级贫困县贵州省威宁彝族回族苗族自治县，通过合理开发威宁县较丰富的风能资源，将资源优势转化为商品优势，促进当地经济可持续发展，并以此带动其他行业发展，加快地方经济建设速度，提高当地居民生活水平。

第五节　金融租赁债券——江苏金融租赁绿色金融债券

融资租赁是指出租人根据承租人对出卖人、租赁物的选择，向出卖人购买租赁物提供给承租人使用，并由承租人支付租金的业务模式。在此模式下，出租人将与出租资产所有权的所有风险和报酬均转移给承租人。融资租赁兼具融资和融物属性，在拉动社会投资、加速技术进步、促进消费增长以及完善金融市场、优化融资结构、降低金融风险方面具有独特优势。部分节能环保行业具有充足的租赁物和稳定可预期的现金流，与融资租赁模式匹配度较高，鼓励租赁企业探索发行绿色债券具有重要意义。

一、债券基本信息

本期债券发行总规模为 10 亿元人民币，分为两个品种，均为固定利率。

其中，品种一为 3 年期，发行规模为 5 亿元人民币，票面利率为 3.70%；品种二为 5 年期，发行规模为 5 亿元人民币，票面利率为 4.12%。债券具体情况见表 4 – 12。

表 4 – 12　江苏金融租赁股份有限公司 2019 年第一期绿色金融债券基本信息

债券全称	江苏金融租赁股份有限公司 2019 年第一期绿色金融债券
发行人	江苏金融租赁股份有限公司
发行规模（亿元）	共发行 10 亿元人民币，品种一发行 5 亿元，品种二发行 5 亿元
票面金额（元）	100
发行价格	平价发行
发行时间	2019 年 4 月 9 日
发行方式	公开发行
上市场所	全国银行间债券市场
评级机构	中诚信国际信用评级有限责任公司
评估认证机构	中国诚信信用管理股份有限公司
主体评级	AAA 级
债项评级	AAA 级
期限（年）	品种一 3 年，品种二 5 年
票面利率（%）	品种一 3.70%，品种二 4.12%

资料来源：中央财经大学绿色金融国际研究院。

江苏金融租赁股份有限公司本期债券募集资金拟全部投放于 9 个清洁能源类绿色项目，募集资金拟使用情况见表 4 – 13。

表 4 – 13　江苏金融租赁股份有限公司 2019 年第一期绿色金融债券募集资金用途

项目名称	拟使用资金（万元）	项目基本情况
宝应县 10 兆瓦渔光互补光伏电站项目	5500	项目位于江苏省扬州市宝应县鲁垛镇朱斗村，为渔光互补模式电站，设计总装机规模为 10 兆瓦，总投资约 6550 万元，年平均发电量约 900 万度。电站已于 2018 年 6 月底部分建成并网，于 2018 年 9 月底前实现全容量并网
仙桃 50 兆瓦农光互补光伏电站项目	23000	项目位于湖北省仙桃市杨林尾镇，为"农光互补"地面光伏电站，总装机规模为 50 兆瓦，全额上网模式，总投资约 3.22 亿元，年平均发电量约 4725 万度。电站已于 2017 年 6 月底并网

续表

项目名称	拟使用资金（万元）	项目基本情况
重庆市黔江区阿蓬江镇、水市乡、鹅池镇等合计84.7兆瓦农光互补光伏电站项目	30000	项目位于重庆市黔江区麒麟村、青龙村、南溪村、石柱村，为农光互补光伏电站，实际总装机规模为84.7兆瓦，全额上网模式，总投资约4.8亿元，年平均发电7187.4万度。电站已于2017年6月底并网
山东省德州市乐陵市的山东星光糖业有限公司和乐陵市华储食糖储备物流有限公司的厂房屋顶合计5兆瓦光伏电站	2000	项目位于山东省德州市乐陵市，为屋顶分布式光伏电站，装机容量为5兆瓦，为全额上网模式，总投资3000万元，年平均发电450万度。电站已于2017年12月底实现少容量并网，于2018年1月下旬全部并网
广东省韶关市仁化县董塘镇100兆瓦农光互补光伏电站	40000	项目位于广东省韶关市仁化县凡口铅锌矿周边，为农光互补模式电站，装机规模为100兆瓦，全额上网模式，总投资约6亿元，年平均发电9900万度。一期30兆瓦电站已于2017年6月底并网发电，预计9月底实现全部并网
凤台县顾桥镇顾桥采煤沉陷区150兆瓦水面光伏电站项目	62000	项目位于淮南市凤台县顾桥镇，为渔光互补水面漂浮电站，总装机规模为150兆瓦，投资约10.6亿元。年平均发电14850万度，电站于2017年11月底初步建成并网发电，预计2018年11月实现全容量并网
兰坪旭升新能源科技有限公司20兆瓦集中扶贫电站	8600	项目位于兰坪县金顶镇大坪子村，为地面集中式光伏扶贫电站，总装机规模为20兆瓦，为全额上网模式，总投资约1.1亿元，年平均发电2340万度。2017年12月底前部分建成并网发电，预计于2018年8月底前实现全容量并网
莱芜市天辰太阳能科技有限公司钢城区10兆瓦荒山光伏电站	4900	项目位于莱芜市钢城区高新技术产业园大上裕村荒山上，总装机规模为10兆瓦，为全额上网模式，总投资约7500万元，年平均发电1080万度。于2017年12月底建成少容量并网发电，后陆续实现全容量并网
宿州市埇桥区祁县镇采煤沉陷区50兆瓦水面光伏电站项目	24000	项目位于宿州市埇桥区祁县镇，为渔光互补模式电站，总装机规模为50兆瓦，投资约3.5亿元，年平均发电量4950万度。电站于2017年12月底实现首次并网发电，于2018年4月底正式并网发电，6月全容量并网
合计	200000	—

资料来源：《江苏金融租赁股份有限公司2019年第一期绿色金融债券募集说明书》。

二、发行人基本情况

江苏金融租赁股份有限公司成立于 1985 年，是全国最早的专业性金融租赁公司之一。公司多年来在医疗、教育、工业制造、清洁能源、农业机械等领域开展了大量的租赁业务，业务范围已遍及全国。三十多年来，公司专注培养专业化融资租赁服务能力，为众多中小型客户提供了特色化金融服务，成为国内中小企业和医疗教育等社会事业领域领先的金融租赁公司。公司将结合国际国内租赁实践经验，不断创新服务模式，持续提升核心竞争力，努力成为国内领先的中小型客户融资租赁服务商。

三、外部评估认证

中国诚信信用管理股份有限公司为本次发行的绿色债券出具了认证报告，经审核确定本期债券符合绿色公司债券发行的基本要求，并授予江苏金融租赁股份有限公司绿色金融债券 G－1 等级。根据本期债券募集资金投向、使用、环境效益与信息披露进行评估，中国诚信信用管理股份有限公司确认本期债券募集资金投向符合《绿色债券支持项目目录（2015 年版）》，本期债券募集资金投向分类情况如表 4－14 所示。

表 4－14　江苏金融租赁股份有限公司 2019 年第一期绿色金融债券募投项目分类

绿色项目一级分类	绿色项目二级分类	项目名称
5. 清洁能源	5.2 太阳能光伏发电	宝应县 10 兆瓦渔光互补光伏电站项目
		仙桃 50 兆瓦农光互补光伏电站项目
		重庆市黔江区阿蓬江镇、水市乡、鹅池镇等合计 84.7 兆瓦农光互补光伏电站项目
		山东省德州市乐陵市的山东星光糖业有限公司和乐陵市华储食糖储备物流有限公司的厂房屋顶合计 5 兆瓦光伏电站
		广东省韶关市仁化县董塘镇 100 兆瓦农光互补光伏电站
		凤台县顾桥镇顾桥采煤沉陷区 150 兆瓦水面光伏电站项目
		兰坪旭升新能源科技有限公司 20 兆瓦集中扶贫电站
		莱芜市天辰太阳能科技有限公司钢城区 10 兆瓦荒山光伏电站
		宿州市埇桥区祁县镇采煤沉陷区 50 兆瓦水面光伏电站项目

资料来源：《江苏金融租赁股份有限公司 2019 年第一期绿色金融债券募集说明书》。

中国绿色债券市场发展报告（2020）

REPORT ON THE DEVELOPMENT OF CHINA GREEN BOND MARKET（2020）

中国诚信信用管理股份有限公司审核了共计 9 个租赁项目（租赁物价款总额为 28.55 亿元）的可行性研究报告和相关批复等文件，对其环境效益目标设置的科学性与可实现性进行评估，具体环境效益情况如表 4 – 15 所示。

表 4 – 15　江苏金融租赁股份有限公司 2019 年第一期绿色金融债券募投项目环境效益

项目名称	年平均发电量（兆瓦/小时）	本期债券募集资金对应减排效果				
		年替代化石能源量（万吨标准煤当量）	年减排二氧化碳（万吨）	年减排二氧化硫（吨）	年减排氮氧化物（吨）	年减排烟尘（吨）
宝应县 10 兆瓦渔光互补光伏电站项目	9000	0.2	0.6	53.7	46.2	22.4
仙桃 50 兆瓦农光互补光伏电站项目	47250	1.1	3.1	296.9	255.1	123.9
重庆市黔江区阿蓬江镇、水市乡、鹅池镇等合计 84.7 兆瓦农光互补光伏电站项目	71874	1.2	3.3	322.8	277.4	134.7
山东省德州市乐陵市的星光糖业和华储食糖储备物流的厂房屋顶 5 兆瓦光伏电站	4500	0.1	0.3	26.1	22.5	10.9
广东省韶关市仁化县董塘镇 100 兆瓦农光互补光伏电站	99000	2.7	7.1	689.3	592.3	287.6
阳光—淮南凤台 150 兆瓦领跑者基地项目	148500	3.0	7.9	769.0	660.8	320.8
兰坪旭升新能源科技有限公司 20 兆瓦集中扶贫电站	23400	0.5	1.4	140.4	120.7	58.6
莱芜市天辰太阳能科技有限公司 10 兆瓦光伏电站	10800	0.3	0.7	65.6	56.4	27.4
宿州市埇桥区祁县镇采煤沉陷区 50 兆瓦水面光伏电站项目	49500	1.1	3.1	297.6	255.7	124.1
合计	463824	8.8	23.6	2298.3	1974.9	958.8

资料来源：《江苏金融租赁股份有限公司 2019 年第一期绿色金融债券募集说明书》。

四、积极成效

1. 有效拓宽环保企业融资渠道

部分绿色项目投资周期较长、经济效益较低，面临融资难、融资贵的困境。融资租赁通过融物的方式进行融资，能够满足环保企业对于设备更新、添置的需求。融资租赁灵活的租金支付方式以及较长的租期，也可适应环保企业收益周期较长的特点。将使用权和所有权分开，有助于解决中小型企业，特别是对机械设备有需求的企业资产信用不足的问题。总体来看，发展融资租赁有助于解决环保行业融资困境，保障项目正常运行，促进行业健康发展。

2. 行业专业性更好服务实体经济

相比于信贷业务，融资租赁天然具备"融资"和"融物"的特点，可定向解决部分产业和实体经济融资痛点。金融租赁企业对行业认知较为成熟，在固定资产的投资建设和购买方面可以根据融资方资产对风险缓释作用的特点，并基于企业现金流灵活设计期限结构，设计有针对性的产品，充分发挥比较优势。另外，融资租赁有助于实体企业获得税收优惠支持。

3. 农光互补模式助力生态农业可持续发展

光伏发电作为我国能源转型的重要发展方向，对于促进节能减排、改善环境具有显著功效。本期债券部分募集资金将投向农光互补项目，农光互补模式适宜不同农作物生长环境，满足不同作物采光需求，可种植有机农产品、名贵苗木等各类高附加值作物，还能实现反季种植和精品种植。通过光伏技术与农林业相结合，在不改变原有土地性质的情况下，既能使当地丰富的太阳能资源得到开发，又能使生态脆弱地区的环境得到恢复，低产耕地的农业利用价值得以提高，可实现生态恢复、农业生产、光伏发电一体化的规划设计理念。

第六节　项目收益债券——云南玉磨铁路及蔬菜园项目收益债券

项目收益债券由非金融企业发行，以投资项目产生的预期现金流作为主要偿债来源。2008年国际金融危机爆发后，国务院发布《关于当前金融促进经济发展的若干意见》，首次提出"发挥债券市场避险功能，稳步推进债券市场交易工具和相关金融产品创新，开展项目收益债券试点"。2014 年 7 月，交易商协会发布《银行间债券市场非金融企业项目收益票据业务指引》；2015 年 3 月，国家发改委发布《项目收益债券业务指引》，规范企业发行项目收益债券的相关细则。在此背景下，云南省投资控股集团有限公司发行了2019 年第一期玉磨铁路及蔬菜园项目公司债券，将具备稳定收益的绿色蔬菜园项目作为债券还款来源，具有重要的实践意义。

一、债券基本信息

本期债券简称"19 云投绿色债"，发行规模为 10 亿元，期限为 10 年。本期债券发行前制定了调整票面利率及回售权，前 5 年票面利率为 5.49%，在本期债券存续期的第 5 年末，发行人可选择调整票面利率 -300 ~ 300 个基点（含本数），债券票面年利率为债券存续期前 5 年票面年利率加上调整基点，在债券存续期后 5 年固定不变，投资者有权选择在本期债券的第 5 年末是否将持有的本期债券按面值全部或部分回售给发行人。债券具体情况见表 4 - 16。

表 4 - 16　2019 年第一期云南省投资控股集团有限公司玉磨铁路及
蔬菜园项目公司债券基本信息

债券全称	2019 年第一期云南省投资控股集团有限公司玉磨铁路及蔬菜园项目公司债券
发行人	云南省投资控股集团有限公司
发行规模（亿元）	10
票面金额（元）	100
发行价格	平价发行
发行时间	2019 年 3 月 25 日
发行方式	承销团设置的发行网点及上海证券交易所
发行对象	中央国债登记公司开户的境内机构投资者、中国证券登记公司上海分公司开立合格基金证券账户或 A 股证券账户的机构投资者
评级机构	中诚信国际信用评级有限责任公司
主体评级	AAA 级
债项评级	AAA 级
期限（年）	10
票面利率（%）	前 5 年为 5.49%，第 5 年末可调整

资料来源：中央财经大学绿色金融国际研究院。

云南省投资控股集团有限公司本期债券募集资金将用于生态保护和适应气候变化等领域，本期债券募集资金为 10 亿元，其中 5 亿元用于云南青美（姚安）蔬菜产业园建设项目，剩余 5 亿元用于补充公司流动资金，详细信息见表 4－17。

表 4－17　2019 年第一期云南省投资控股集团有限公司玉磨铁路及蔬菜园
项目公司债券基本信息

项目名称	预计总投资（万元）	拟使用募集资金（万元）	资金使用比例（％）
云南青美（姚安）蔬菜产业园建设项目	73000	50000	68.49
补充流动资金	—	50000	—

资料来源：《2019 年度第一期云南省投资控股集团有限公司玉磨铁路及蔬菜园项目公司债券募集说明书》。

二、发行人基本情况

云南省投资控股集团有限公司成立于 1997 年 9 月，属于大型国有独资企业。云投集团是云南省政府下属最大的综合性投资集团，业务范围涵盖电力生产供应、铁路建设运营、石化燃气、旅游以及金融业等多个领域。作为云南省级国有资本运营管理重要主体之一，云投集团凭借良好的政府资源、较强的融资能力、稳定的盈利能力及较强的整体抗风险能力等优势，经营和管理省级基本建设资金和省级专项建设基金，对助推云南产业转型发展和经济稳定增长发挥了重要的骨干作用。

三、积极成效

1. 发挥项目收益债券优势

为鼓励发行人拓宽融资渠道，激发发行人发行项目收益债券的积极性，国家发改委取消对发行人成立年限、三年平均利润足够支付一年利息、债券余额不超过净资产 40％ 等要求。云投集团发行本期项目公司债券，有利于积极发挥项目收益债券的优势，为创建绿色环保项目的社会效益服务。此外，相较于企业发行的普通债券，监管部门对项目收益债的发行条件、资金管理等方面的要求更为严格。所以，在债券市场中，企业项目收益债较于其他品种债券发行总量相对较小。云投集团发行绿色项目收益债券，有利于涉及项目领域向绿色环保方向持续拓展，丰富绿色债券应用场景。

2. 推进"桥头堡"战略实施

国务院《关于支持云南省加快建设面向西南开放重要"桥头堡"的意见》的提出，依托国际市场，优化产业布局，把云南省打造成为我国重要的致力于建设优势特色农产品生产加工基地和流通中心，提高特色园艺产品基地的建设水平。本期债券募集资金支持项目依托姚安县优越的自然环境和生产基础，为推进"蔬菜换石油"项目实施建立稳定可持续发展的蔬菜基地，增强蔬菜生产能力可持续性，同时提供了融资渠道，以建设高标准蔬菜生产加工基地为主要内容和目标，贯彻落实了国务院加快建设面向西南开放重要"桥头堡"战略的要求。

3. 带动周边农户脱贫致富

姚安县隶属于云南省楚雄彝族自治州，楚雄彝族自治州作为云南省蔬菜种植的重点区域，蔬菜种植面积和产量均居全省前列。但是，楚雄州在加快蔬菜产业发展速度的同时，也逐渐显现出产业基础薄弱、种植结构不尽合理、缺乏现代化的蔬菜加工物流配套设施等一系列问题，制约了楚雄州蔬菜产业的健康可持续发展。该项目采取优良新品种、成熟栽培、蔬菜保鲜加工等技术，并配套先进种植设施、规范管理措施以及完善服务体系等措施，助推楚雄州蔬菜产业转型升级。另外，姚安县是国家扶贫开发工作重点县之一，呈现出贫困面大、贫困程度深的特点。该项目通过保护价格收购、创造就业岗位等方式，可以增加周边贫困居民经营性和工资性收入，能够快速带动当地农户增产增收，进而提升地区整体经济水平，推动区域经济和社会和谐稳定健康发展。

第五章 境内绿色资产支持证券

绿色资产支持证券作为结构化的创新型融资工具，对于我国构建多层次绿色金融体系具有重要意义。通过对基础资产打包、托管与分级，绿色资产支持证券为众多重资产、现金流相对稳定的企业提供了绿色融资路径，也有利于企业的"降杠杆"。2019 年，生态文明建设整体进程为绿色资产证券化发展提供了更为丰富的应用场景，市场规模大幅增长，产品创新不断跟进。相比于一般绿色债券，绿色资产证券化具备多重比较优势，但仍存在基础设施不完善、信息披露制度不规范、创新能动性有待提升、市场参与主体能力建设不足等问题。

本章对境内绿色资产支持证券进行专门分析，第一节介绍绿色资产支持证券的内涵及主要政策演变；第二节介绍 2019 年绿色资产支持证券的市场表现；第三节为案例分析，分别选取创新性较强、具有代表性的"国君资管——山东海发国际航运中心绿色建筑资产支持专项计划""飞驰建荣 2019 年第一期绿色信贷资产支持证券"以及"中国中投证券——国富保理——首创股份 1 期绿色供应链金融资产支持专项计划"三个案例进行详细分析。

第一节 绿色资产支持证券简介

一、资产支持证券概念及发行流程

资产证券化（Asset Securitization）是指以基础资产未来所产生的现金流作为偿付支持，通过结构化设计进行信用增级，在此基础上发行资产支持证券（Asset – Backed Securities, ABS）的过程，主要包括人民银行和银保监会主管的信贷资产证券化（CLO）、证监会主管的企业资产证券化（ABS）以及交易商协会主管的资产支持票据（ABN）三类。

一般资产证券化的基本流程是由发起人（又称原始权益人）将证券化资产出售给一家特殊目的机构（Special Purpose Vehicle，SPV），或者由 SPV 主动购买可证券化的资产，然后 SPV 将这些资产汇集成资产池（Asset Pool），再以该资产池所产生的现金流为支撑在金融市场上发行有价证券融资，最后用资产池产生的现金流来清偿所发行的有价证券。

其中，最先持有并转让资产的一方，即需要融资的机构，称为发起人（Originator）或原始权益人。资产支持证券购买方称为投资者（Investor）。在资产证券化的过程中，出于审批、融资成本、融资过程、时间的考虑，需要有专门的信用评级机构（Rating Agency）对资产进行资信评价。同时，为加强所发行证券的信用等级，会采取一些信用增级手段（Credit Enhancement），信用增级服务提供者被称为信用担保机构。在证券发行完毕之后，往往还需要一个专门的服务机构负责收取资产收益，并将资产收益按照有关契约的约定支付给投资者，此类机构称为服务机构（Servicer）。

二、绿色资产支持证券政策演进

近年来，各主要监管部门针对绿色资产证券化发展出台了一系列政策。目前，绿色资产支持证券产品大致可划分为三类：基础资产为绿色项目，募集资金专项投向绿色项目即"双绿"资产支持证券；基础资产并不是绿色项目，但募集资金用途为绿色项目即"投向绿"资产支持证券；基础资产为绿色项目，但募集资金用途并不直接投向绿色项目即"资产绿"资产支持证券。

表5－1　绿色资产证券化专项政策一览

日期	规章制度	发文机构	内容简介
2016 年 5 月	《资产证券化监管问答》	证监会	鼓励环保产业相关项目比照各交易场所关于开展绿色公司债券试点通知的相关要求，通过资产证券化方式融资发展
2017 年 3 月	《非金融企业绿色债务融资工具业务指引》	交易商协会	支持企业开展绿色债务融资工具结构创新，鼓励企业发行以绿色项目产生的现金流为支持，符合国家绿色产业政策的创新产品

续表

日期	规章制度	发文机构	内容简介
2018 年 4 月	《上海证券交易所服务绿色发展推进绿色金融愿景与行动计划（2018—2020 年)》	上交所	将进一步推动绿色证券，特别是绿色资产支持证券的发展，降低绿色债券融资成本，强化绿色债券监管与风险管理，促进绿色债券市场健康规范发展
2018 年 8 月	《上海证券交易所资产证券化业务问答（二）——绿色资产支持证券》	上交所	明确绿色资产支持证券的定义，拓宽了绿色资产支持证券的范围，有利于绿色资产支持证券发展，同时强调了第三方评估认证的相关事项及信息披露的要求
2019 年 5 月	《关于支持绿色金融改革创新试验区发行绿色债务融资工具的通知》	人民银行	支持绿色金融改革创新试验区内企业注册发行绿色债务融资工具；鼓励试验区内企业通过注册发行定向工具、资产支持票据等不同品种的绿色债务融资工具，增加融资额度，丰富企业融资渠道

资料来源：根据公开资料整理。

其中，上海证券交易所、银行间市场交易商协会分别发布相关指引，鼓励发行绿色 ABS、绿色 ABN，并对发行规范、基础资产及募集资金要求、监管细则等做出了明确安排。以上交所 2018 年 8 月发布的《上海证券交易所资产证券化业务问答（二）——绿色资产支持证券》为例，绿色 ABS 的界定应符合下列条件之一：

第一，基础资产属于绿色产业领域。基础资产现金流主要来源于绿色项目所产生的收入或基础资产主要是为绿色项目融资所形成的债权。上述绿色产业领域的基础资产占全部入池基础资产的比例应不低于 70%。专项计划涉及循环购买安排的，应当明确相应入池标准、资产筛选及确认流程，确保专项计划存续期间基础资产属于绿色产业领域。

第二，转让基础资产所取得的资金用于绿色产业领域。所得资金应主要用于建设、运营、收购绿色项目、偿还绿色项目贷款或为绿色项目提供融资等。上述用于绿色项目的金额应不低于转让基础资产所得资金总额的 70%。用于为绿色项目提供融资的，应明确拟支持的绿色项目类别、筛选标准、决策程序和资金管理制度等。

第三，原始权益人主营业务属于绿色产业领域。原始权益人最近一年合并财务报表中绿色产业领域营业收入比重超过50%（含50%），或绿色产业领域营业收入比重虽小于50%，但绿色产业领域业务收入和利润均为所有业务中最高，且均占到总收入和总利润30%以上的，转让基础资产所取得的资金可不对应具体绿色项目，但应主要用于原始权益人绿色产业领域的业务发展，其金额应不低于所得资金总额的70%。

三、比较优势

相比于普通绿色债券，绿色资产支持证券剥离出一部分基础资产形成资产池，以其产生的现金流作为还款来源，通过分级等产品设计实现结构化发行。资产证券化的产品结构及特点可实现与绿色项目较好地适配，具备以下优势：

第一，绿色项目可成为优质基础资产标的。资产支持证券是以基础资产未来的现金流作为还款的来源，作为基础资产。以太阳能光伏电站、风力电站及污水处理设施等为代表的绿色项目具有持续稳定的现金流回报，此类绿色项目的特点天然契合资产支持证券的特性，是发行绿色资产证券化产品的优质基础资产标的。

第二，降低融资门槛。虽然绿色项目未来具有持续的现金回报，但绿色项目往往属于新兴产业，发行人受成立时间、资产规模、资产负债率等所限，债券融资成本较高。绿色资产证券化允许项目与发起人本身的资产负债状况相分离，信用评级根据绿色项目风险而定，即不受原始权益人影响。

第三，满足不同风险类型的投资需求。资产支持证券多采取分级方式以及多种增信方式发行，相比于次级品种，优先级品种大多评级较高，票息较低，偿付顺序靠前，一旦产品发生现金流波动或者偿付困难，优先级品种持有者可以通过内部或外部增信实现优先偿付。分级发行设计可有效满足不同风险偏好投资者的绿色投资需求。

第四，"出表降杠杆"。由于基础资产已打包出售给SPV，原始权益人持有基础资产的风险和收益均已转移，可根据会计准则终止确认该金融资产，即资产"出表"，优化企业的财务报表，降低企业的财务杠杆比率。在当前我国"去杠杆"趋势与绿色金融市场不断发展的背景下，绿色资产支持证券市场的前景可期。

第二节 市场概览

早在贴标绿色债券市场尚未启动之时，2014 年兴业银行已探索发行了绿色信贷资产支持证券。2016 年以来，绿色资产证券化产品的发行实现了"质"与"量"多维度的提升，为我国绿色债券市场长期高质量发展注入了创新活力。

一、境内绿色资产支持证券市场概况

区别于普通债券，资产支持证券属于结构化产品，多采用分级设计，即由相同基础资产形成的同一单资产支持证券可分为多个不同期限、评级、利率、偿付级别的品种。因此，考虑到品种分布复杂性，本章以"单"计量绿色资产支持证券发行数量。2019 年，我国发行绿色资产支持证券总计 35 单，相较2018 年的 19 单增加 16 单，同比增长 84.21%；募集资金共 426.04 亿元，是2018 年 172.74 亿元的 2.5 倍。从发行场所来看，有 23 单绿色 ABS 在交易所发行，占比达 65.71%；另外有 12 单绿色 ABN 在银行间市场发行（见图 5-1）。

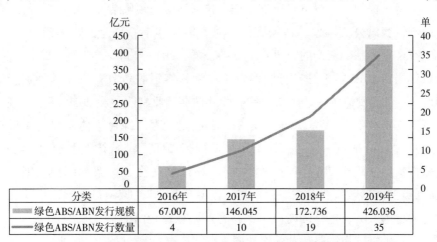

分类	2016年	2017年	2018年	2019年
绿色ABS/ABN发行规模	67.007	146.045	172.736	426.036
绿色ABS/ABN发行数量	4	10	19	35

图 5-1 2016—2019 年境内绿色资产支持证券发行数量及发行规模

（资料来源：中央财经大学绿色金融国际研究院）

（一）基础资产来源不断丰富

2019 年绿色资产证券化产品的基础资产类型更为丰富，从原有的公共交通客票权、基础设施应收账款、新能源电价补助、污水处理收费权扩展到了汽车贷款、农用光伏发电收益权、绿色建筑信托收益权以及绿色供应链金融应收账款等多个新兴领域（见图5-2）。

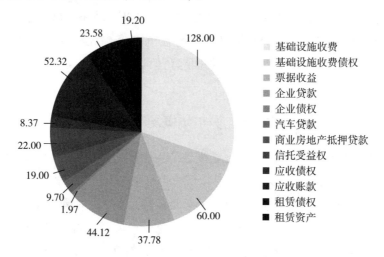

图5-2　2016—2019年境内绿色资产支持证券各类基础资产发行规模占比

（资料来源：中央财经大学绿色金融国际研究院）

值得一提的是，绿色资产支持证券与清洁交通领域结合的案例较为丰富。此前已发行以公交客票、地铁客票、海上航运客票、高速公路车辆通行费、航空客票等为基础资产的绿色资产支持证券，2019年进一步延续创新：广州地铁集团在2019年3月发行国内首单以地铁客运收费收益权为基础资产的ABS——"广发恒进——广州地铁集团地铁客运收费收益权2019年第一期绿色资产支持专项计划"，总规模为31.58亿元，为"绿色主体+绿色基础资产"的"双绿"ABS产品，并于9月发行第二期，募集资金达18.42亿元；内蒙古集通铁路于2019年10月发行市场首单铁路客运票款绿色ABS——"集通铁路客运收费收益权绿色资产支持专项计划"，该项目是国铁集团旗下发行的首单ABS，也是国内首单铁路客运票款绿色ABS项目，发行规模达9亿元，基础资产为铁路运营的客票收入。

（二）充分发挥品种优势，应用场景更为灵活

绿色资产证券化产品可划分为基础资产绿色、募集资金用途绿色、原始权益人主业绿色三种，对于一般企业而言，发行相关产品的募集资金投向或

基础资产有"一端绿"即可,这样相对灵活的发行方式为市场创新发展创造了有利条件。

绿色资产证券化产品具备对企业资信要求相对较低、可实现基础资产与发行人相隔离的结构优势。2019年,通过在贵州国家级贫困县发行绿色公交客票资产证券化产品、在江苏常州发行农用光伏发电收益权产品等方式,绿色资产支持证券实现了与扶贫、惠农等领域的深度结合,对服务国家重大战略,创新性运用资本市场来满足绿色融资需求提供了良好的范例效应。

二、发展难点①

绿色资产证券化在取得高速发展的同时,也受到市场环境、发行规则、监管规范等影响,其发展仍面临诸多难点。

第一,信息披露较为有限。由于绿色资产支持证券属于结构化产品,产品设计较为复杂,涉及信息披露较多。目前已发行的绿色资产证券化产品多采取私募方式发行,在各品种资信情况、基础资产状况、募集资金用途等方面披露相对有限,难以判断绿色资产证券化对绿色产业的实际支持情况。此外,资产证券化产品普遍缺乏存续期信息披露,尚未形成规范化的披露体系。

第二,投资者积极性未被充分调动。资产证券化产品对于投资者适当性要求较高,仅允许合格投资者认购及交易,多由合格机构投资者持有,公众投资者难以参与。目前,我国关于绿色债券的投资基金尚处于起步阶段,公募基金持有绿色资产证券化比例整体较低,尚无专门针对绿色资产证券化的公募产品或投资板块,投资者参与难度较大。

第三,创新能动性有待提升。从发行情况来看,我国绿色资产证券化以证监会主管企业ABS和交易商协会主管ABN为主,绿色信贷资产证券化仍处于起步阶段,尚无绿色保险ABS发行。绿色资产证券化产品对多层次资本市场利用程度整体不足,产品创新方面仍需进一步丰富。

第四,市场参与主体能力建设不足。绿色资产证券化的发行涉及多个参与方,既需要政府层面的倡导和推进,也需要券商、会计师事务所、第三方认证机构等相关方协同和支持。从实践层面看,各地方绿色债券市场体系构建完备程度不一,发行人对于绿色债券的认识差异较大,政府、相关企业以

---

① 王遥,云祉婷,崔莹.绿色资产证券化创新的问题和进路 [J].团结,2020 (3):33-36.

及中介机构对于绿色债券的分类标准、发行规则、管理规范及潜在作用存在认知偏差，实际开展绿色债券相关业务的积极性和成效同样差异较大。

三、推动绿色资产支持证券市场进一步完善的建议

绿色资产证券化具备降低融资门槛、降低发行难度、出表降杠杆等多重优势，应在绿色债券支持绿色产业中发挥更大作用，本书针对其长远发展提出以下建议。

第一，证监会、交易商协会、沪深交易所等部门应进一步完善绿色资产证券化信息披露机制。绿色资产证券化对于基础资产属于绿色产业或募集资金专用于绿色项目有较为严格的要求。及时、全面与准确地进行信息披露可保证绿色资产证券化资产来源明确、资金专款专用的特性，防止项目"漂绿"。由于我国资产证券化市场属于多头监管，各主要监管部门对绿色资产债证券化信息披露要求严格程度不一，建议未来进一步协同各类绿色资产证券化产品信息披露要求，强化信息披露制度，形成较为统一的信息披露平台和渠道，提升整体信息透明度。值得一提的是，2019年上交所已发布加强ABS监管的相关文件，针对绿色资产证券化产品设计提出了更相适应的信息披露规则及要求。

第二，建议设立专门投资板块，鼓励公募基金将绿色资产证券化产品纳入投资标的。交易基础设施的完善程度对于调动市场参与积极性，扩大绿色资产证券化市场整体规模具有重要作用。建议沪深交易所设立专门投资板块，为机构及公众投资者提供公开的交易信息。此外，建议基金业协会鼓励将绿色资产证券化纳入公募基金投资标的，或发行专门投资于绿色资产证券化的公募基金产品，以拓宽公众投资者认购相关资产的投资渠道。

第三，证监会、银保监会、基金业协会应鼓励绿色资产证券化产品创新，丰富基础资产来源。除证监会主管企业ABS及交易商协会主管ABN外，银保监会主管信贷资产证券化（CLO）及保险资产证券化、基金业协会主管企业ABS发行均较少。其中，CLO在ABS市场的整体份额已达41%，但绿色CLO发行相对较少，仍处于探索阶段；而我国商业银行绿色信贷余额已超过10万亿元，绿色CLO存在较大发展空间。在此背景下，应鼓励商业银行、证券公司、保险公司等金融机构进一步加强创新，通过绿色资产证券化盘活绿色资产。从基础资产类型来看，绿色资产证券化具备与绿色供应链、绿色建筑、工业节能及部分新型基础设施结合的优势，应进一步提升绿色资产证券化产品创新能动性，拓宽其基础资产来源渠道，发挥多层次资本市场对于我

国经济转型的资源配置作用。

第四，人民银行、银保监会应加快探索降低商业银行持有绿色资产的风险权重。目前商业银行配置小微企业债权的风险权重为75%。绿色债券发行主体规模通常较大，风险相对小微企业更低。因此，可以比照小微企业贷款的专项政策，对金融机构持有的绿色债券，允许按照较低的权重计算风险资产和计提风险准备，从而增加绿色债券的配置价值。通过提升投资者对绿色债券的投资热情，进而降低发行成本，提高发行人发行绿色债券的积极性。

第五，地方政府、各级主管部门应进一步强化绿色投资理念，提升市场主体能力建设。近年来，随着绿色投资和责任投资理念不断深入，越来越多的投资者在投资时不仅注重投资回报率，还注重项目对气候和环境的影响。绿色债券由于其严格的发行条件和存续期监管，可为责任投资者提供与其需求相匹配的绿色资产。未来需要进一步强化金融机构及其他投资者的责任投资意识，针对责任投资的内涵、原则、实践方式及适当性要求，加强行业培训，并面向公众投资者开展责任投资理念普及，同时对绿色债券的主要品种、对应投资方式、潜在的环境效益及社会效应开展定向宣传介绍，吸引责任投资者。此外，未来可继续加强绿色金融相关领域研究，通过培训、辅导、学术交流等方式，为市场有针对性地提供绿色资产证券化产品在发行前准备、项目识别、外部认证、发行流程及规范等多方面的指导，通过加强能力建设提升各主体对绿色理念的认知以及对相关政策的了解程度，从而提升绿色资产证券化发行的积极性。

第三节　案例分析

2019年绿色资产支持证券在发行总金额再创新高的同时，品种也多有创新。本节选取该年的三个典型案例进行分析，为绿色资产支持证券的进一步发展提供借鉴，具体包括："国君资管—山东海发国际航运中心绿色建筑资产支持专项计划""飞驰建荣2019年第一期绿色信贷资产支持证券"，以及"中国中投证券—国富保理—首创股份1期绿色供应链金融资产支持专项计划"。

一、国君资管—山东海发国际航运中心绿色建筑资产支持专项计划

商业房地产抵押贷款支持证券（CMBS）是不动产的重要融资形式，自2005年人民银行出台相关办法构建中国CMBS发行的基本法律框架后，万达集团在2006年迈出了国内CMBS筹资的第一步。此后，国内CMBS市场不断发展，2017年国内首单经独立第三方认证的绿色CMBS——"嘉实资本中节能绿色建筑资产支持专项计划"在深交所挂牌上市。

2019年11月，"国君资管—山东海发国际航运中心绿色建筑资产支持专项计划"在上交所设立，作为一种绿色资产证券化产品，该专项资产计划可以被视为金融促进绿色建筑领域发展的一次重要而有益的尝试。

（一）债券基本信息

本次绿色CMBS债券发行规模为19亿元人民币，分为海发优A、海发优B和海发次级三个品种，其中次级档发行规模占比为5.26%，海发优A和海发优B的票面利率分别为5.1%、6.5%，该专项计划认购资金将用于购买基础资产，债券具体信息见表5-2。

表5-2 国君资管—山东海发国际航运中心绿色建筑资产支持专项计划基本信息

债券全称	国君资管—山东海发国际航运中心绿色建筑资产支持专项计划		
债券品种	优先A级资产支持证券	优先B级资产支持证券	次级资产支持证券
证券简称	海发优A	海发优B	海发次级
证券代码	165017	165018	165019
信用评级	AAA级	AA＋级	无评级
信用评级机构	上海新世纪资信评估投资服务有限公司		无
发行规模（亿元）	11.00	7.00	1.00
最小交易数量（手）	1000		
期限（天）	6456		
是否转让	是		否
票面年利率（%）	5.10	6.5	无
利息种类	固定利率		无

续表

利息频率	按半年付息
发行价格（元）	100
上市场所	上海证券交易所

资料来源：《国君资管—山东海发国际航运中心绿色建筑资产支持专项计划在上海证券交易所挂牌的公告》。

此次"国君资管—山东海发国际航运中心绿色建筑资产支持专项计划"采取了多种增信措施。一是现金流超额覆盖，采用基础资产的资产总额超额覆盖资产支持证券票面金额来提供信用增级；二是差额支付承诺，即差额支付承诺人（一般为原始权益人或发起人）向特殊目的载体的受托人或管理人（代表资产支持证券持有人）承诺，如基础资产所产生的回收款不足以按顺序支付优先级资产支持证券的各期预期收益和未偿本金余额，则承诺人对差额部分承担补足义务；三是流动性支持承诺，优先级投资者未得到足够偿付时，流动性支持机构有义务向优先级投资者提供一定的补足支付，来确保优先级投资者收益的稳定性和安全性；四是物业抵押和运营收入质押。

（二）产品设计

本期"国君资管—山东海发国际航运中心绿色建筑资产支持专项计划"由山东海洋发展有限公司以国际航运中心建设项目和悦澜诚品项目土地使用权为抵押物，向其全资子公司青岛大厦管理有限公司（以下简称"大厦管理公司"）借款，并且以上述两项目物业收入作为偿还来源。大厦管理公司以该标的债权信托给受托人湖南省信托有限责任公司（以下简称"湖南信托"），成立"湖南信托—山东海发国际航运中心绿色建筑财产权信托"，并将信托受益权转让给上海国泰君安证券资产管理有限公司（以下简称"国君资管"）作为基础资产，国君资管依据有关法律、法规和规定设立"国君资管—山东海发国际航运中心绿色建筑资产支持专项计划"，将认购资金用于购买基础资产，并以该等基础资产及其管理形成的属于专项计划的全部资产和收益，按专项计划文件的约定向资产支持证券持有人进行分配，具体证券交易结构见图 5－3。

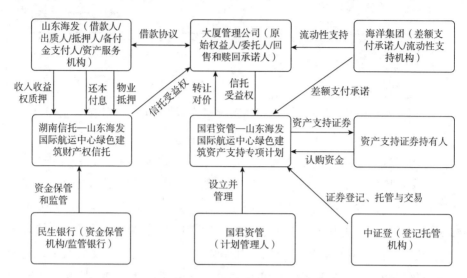

图 5 - 3　国君资管—山东海发国际航运中心绿色建筑资产支持专项计划交易结构

（资料来源：《国君资管—山东海发国际航运中心绿色建筑资产支持专项计划评估认证书》）

本期证券基础资产涉及绿色项目为国际航运中心项目及悦澜诚品项目。其中，国际航运中心位于青岛市市北区连云港路，是一栋 5A 甲级生态写字楼，总投资近 30 亿元，总占地面积达 11966.3 平方米，容积率为 8.99，建筑密度为 32.2%，绿地率为 20.5%，总建筑面积达 160590 平方米。该项目中的青岛国际航运中心大厦，定位于打造航运产业垂直园区。大厦建成后，将承载与航运相关的政府服务、市场交易、信息交流、金融保险、展览展示、教育培训、人才交流七大功能，构建航运及航运上下游产业的企业总部基地。根据住房和城乡建设部关于 2014 年度第十七批绿色建筑评价标识项目的公告，国际航运中心项目获得三星级绿色建筑设计评价标识；此外，该项目还获得美国 LEED 金级绿色建筑预认证标识。悦澜诚品项目位于青岛市市北区镇海路 7 号，属于青岛市中部中央商务区核心区域。该项目总投资为 7 亿元，其中环保投资为 700 万元，项目总占地面积达 10683.3 平方米，项目总建筑面积 86489.4 平方米。

（三）发行人基本情况

山东海洋发展有限公司（以下简称"山东海发"）成立于 2011 年，是山东海洋集团实施与青岛市政府战略合作的实业平台，截至 2019 年 3 月末，注册资本为 7 亿元，创富基金持股 75%，山东海运持股 25%，实际控制人为山东海发，公司主要从事房地产开发与经营管理、航运项目管理及服务等业务。

（四）外部评估认证

上海新世纪资信评估投资服务有限公司为该计划进行发行前评估认证，通过审核分析绿色项目有关文件、现场调研、利益相关方访谈、山东海发相关制度及文件资料等相关文件，新世纪得出本期证券基础资产属于绿色范畴，符合绿色资产支持证券发行要求的结论，并给予本期资产专项支持计划深绿（GB‐1）等级。本期证券基础资产涉及绿色项目为国际航运中心项目，国际航运中心项目属于《绿色债券支持项目目录（2015 年版）》"1. 节能—1.2可持续建筑—1.2.1 新建绿色建筑"的范畴，具体信息见表 5‐3。

表 5‐3 国君资管—山东海发国际航运中心绿色建筑
资产支持专项计划基础资产绿色分类

| 绿色项目 | 《绿色债券支持项目目录（2015 年版）》分类 | | | |
	一级分类	二级分类	三级分类	界定条件
国际航运中心项目	1. 节能	1.2 可持续建筑	1.2.1 新建绿色建筑	指新建符合以下标准的建筑： 1. 新建工业建筑：达到《绿色工业建筑评价标准》（GB/T 50878—2013）二星级及以上标准 2. 新建住宅建筑和公共建筑：达到《绿色建筑评价标准》（GB/T 50378—2006）二星级及以上标准

资料来源：《国君资管—山东海发国际航运中心绿色建筑资产支持专项计划评估认证书》。

根据新世纪资信评估投资服务有限公司对上述绿色建筑资产专项计划的评估结果，此次项目环境效益显著。在节能效益方面，国际航运中心项目通过优化建筑节能设计、选用高效能设备系统以及太阳能利用等多项节能措施，显著降低建筑能耗，节能率为 60.19%；在节水效益方面，项目从市政中水管道引进中水，进入项目地下中水泵房，中水使用量为 4.34 万吨/年，非传统水源利用率为 37.13%；在节材效益方面，国际航运中心项目建筑结构体系设计合理，采用土建与装修工程一体化设计和施工，建筑设计选材时可再循环材料使用重量为 33370.5 吨，占所有建筑材料总重量比例的 10.1%。

（五）积极成效

1. 推进绿色 CMBS 高质量发展

此次"国君资管—山东海发国际航运中心绿色建筑资产支持专项计划"是全国首单三星级绿色建筑和国际 LEED 金奖建筑的绿色 CMBS 产品，也是山东省属国资首单 CMBS 产品，作为项目标的物的青岛国际航运中心高度为 295 米，不仅是青岛市第一高楼，更是青岛市标志性建筑之一。此次资产支持计划的顺利设立和发行是不动产金融化的有益尝试，能够为未来中国绿色 CMBS 的高质量发展提供借鉴和引导。

2. 实现房地产行业融资方式创新

近年来，房地产企业融资受政策影响明显受限，持有较多物业资产但流动性紧张的局面持续存在。CMBS 为化解房地产企业流动性断层、盘活基础资产提供了可行路径，具备广阔发展空间。伴随近年来绿色建筑的高速发展，我国的绿色建筑，特别是绿色商业地产建筑面积大幅增长，部分具有稳定现金流的绿色物业资产天然具备发行绿色资产证券化的基础。此次专项计划的顺利发行为房地产行业借助绿色金融产品融资的可行性提供例证。

二、飞驰建荣 2019 年第一期绿色信贷资产支持证券

2019 年 10 月，建设银行发行"飞驰建荣 2019 年第一期绿色信贷资产支持证券"，以建设银行多领域绿色信贷为基础资产，成为绿色 CLO 又一次发行实践，为我国绿色资产证券化市场注入了新的活力。

（一）债券基本信息

本期资产支持证券期限为 5 年，总发行规模为 44.1164 亿元。由中诚信国际进行评级，其中优先 A 档资产支持证券的信用等级为 AAA 级；优先 B 档资产支持证券的信用等级为 AA + 级；次级档资产支持证券未予评级，具体信息见表 5 - 4。

表5-4　飞驰建荣2019年第一期绿色信贷资产支持证券基本信息

债券全称	飞驰建荣2019年第一期绿色信贷资产支持证券		
发行人	中国建设银行股份有限公司		
票面金额（元）	100		
发行价格	平价发行		
发行时间	2019年10月24日		
发行方式	公开发行		
上市场所	银行间		
评估认证机构	毕马威中债资信评估有限责任公司		
主体评级	AAA级		
债券品种	优先A档	优先B档	次级档
发行规模（亿元）	34.4	2.21	7.5064
债项评级	AAA级	AA+级	无评级
票面利率	浮动	浮动	无
期限（年）	5		

资料来源：中央财经大学绿色金融国际研究院。

（二）产品设计

绿色 CLO 在发行流程上与一般信贷资产证券化大致相同，区别在于构成基础资产池的信贷及其收益权是否符合绿色债券支持范围。本期资产支持证券发行的基本交易结构、各方之间的法律关系框架及现金流转过程见图5-4。

（三）发行人基本情况

中国建设银行作为国有四大商业银行之一，将加快推进绿色领域业务发展、防范环境和社会风险、提升社会责任自身表现确立为绿色信贷发展战略的三大重要任务，提出将经济效益、社会效益和生态效益有机统一结合，继续将建设"绿色银行"作为业务规划的中长期目标。

2018年9月，建设银行设立《绿色、社会及可持续发展债券框架》，并完成10亿美元可持续发展债券和5亿欧元绿色债券的发行，支持绿色信贷和普惠金融事业发展。绿色运营方面，建设银行在提供金融服务过程中，借助科技手段引导消费者形成绿色生活方式和消费习惯，向社会传递绿色理念。

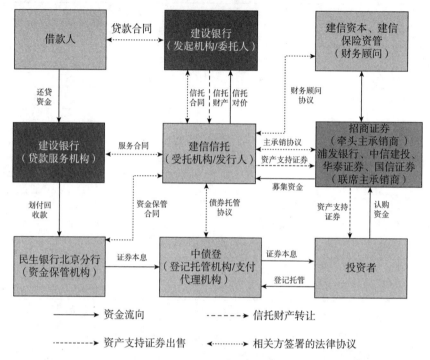

图 5-4 飞驰建荣 2019 年第一期绿色信贷资产支持证券交易结构

（资料来源：《飞驰建荣 2019 年第一期绿色信贷资产支持证券发行说明书》）

（四）外部评估认证

本期绿色 CLO 基础资产来自绿色信贷，募集资金将用于支持符合规定的绿色项目，属于"双绿" CLO，由毕马威及中债资信通过对发起机构及资产池涉及的绿色项目和贷款进行绿色认证评估，并出具认证报告。

根据毕马威出具的评估认证报告，本期绿色信贷资产支持证券的基础资产共涉及 5 个类别，包括污染防治、资源节约与循环利用、清洁交通、清洁能源、生态保护和适应气候变化。经检查，毕马威未发现该 16 个项目在所有重大方面存在不符合中国金融学会绿色金融专业委员会公布的《绿色债券支持项目目录（2015 年版）》的情况。

根据中债资信出具的评估认证报告，建设银行已经确定了基础绿色信贷资产池，包括 30 笔绿色信贷项目，来自 16 个客户，总金额达 44.12 亿元。

基础资产池项目主要符合《绿色债券支持项目目录（2015 年版)》中的污染防治、资源节约与循环利用、清洁交通、清洁能源以及生态保护和适应气候变化等五大分类的要求。项目分类汇总情况见表 5-5。

表 5-5　基础资产授信项目分类情况统计

类别	资产金额（万元）	比例（%）
2.1 污染防治	2850.00	0.65
3.1 节水及非常规水源利用	1000.00	0.23
4.1 铁路交通	254400.00	57.67
4.6 新能源汽车	123000.00	27.88
5.1 风力发电	34500.00	7.82
5.3 智能电网及能源互联网	13413.94	3.04
6.1 自然生态保护及旅游资源保护性开发	12000.00	2.72
合计	441163.94	100

资料来源：《飞驰建荣 2019 年第一期绿色信贷资产支持证券发行说明书》。

参考相关规定，中债资信认为建设银行基础资产池及募投项目投向均符合绿色债券认证的基本要求。基于发起人在募集资金使用与管理制度的规范性，并且结合其在绿色债券发行及募集资金管理经验的有效性，中债资信认为发起人在募集资金管理方面表现优秀。在来自 4 个客户、共 8 笔、共计 5.08 亿元的固定资产贷款和基本建设贷款项目中，中债资信抽取了来自 3 个客户、共 7 笔、分属 3 个绿色项目的绿色信贷，并对绿色项目的环境效益进行了定量测算，以评估绿色基础资产池的整体表现。由于绿色项目通常使用绿色债券资金仅占项目整体融资的一部分，评估报告环境效益的测算按照绿色信贷所支持的项目建设或运营资金所占项目整体投资规模或年度运营成本的比例，测算绿色信贷资金所产生环境效益的合理规模。基础资产的环境效益测算结果见表 5-6。

表 5-6　受评估的 6 个绿色基础资产项目环境效益预测估算结果

环境效益类型	环境效益要素	数量	单位
节能	节能量	2.58	万吨标准煤/年
温室气体减排	减排二氧化碳	6.82	万吨/年
	减排二氧化硫	9.57	吨/年

续表

环境效益类型	环境效益要素	数量	单位
大气污染物减排	减排氮氧化物	13.67	吨/年
	减排烟尘	2.73	吨/年
处理处置固体废物	处理生活垃圾	2.44	万吨/年

资料来源：《飞驰建荣2019年第一期绿色信贷资产支持证券发行说明书》。

关于风险管理，在绿色信贷项目操作过程中，建设银行明确了客户环境和社会风险分类标准，将客户环境和社会风险由高至低分为A、B、C三类；将环境和社会风险管理贯穿于信贷全流程，明确贷前调查、授信审批、贷中审核、贷后管理等各环节具体管理要求及差异化管理措施，并将企业是否遵循环境指标纳入准入标准，严格控制环保不达标客户、环境违法违规且没有及时整改的客户和项目。除此之外，建设银行还建立了环保信息查询机制，加强环境和社会风险客户跟踪，并且建立绿色信贷信息系统，推进绿色信贷评价管理，将绿色信贷纳入KPI考核，并给予经济资本奖励。

在行业选择上，建设银行明确将清洁能源、清洁交通、节能减排、节能环保服务、治理污染等领域以及先进制造业、信息技术产业等具有低碳环保特征的行业作为优先支持领域，加大金融倾斜力度；在客户和项目选择上，将满足"节能减排"要求及能源消耗、污染物排放标准作为建立信贷关系的底线要求，对发生环保违法违规情况的客户实行"环保一票否决制"；严格落实国家产业政策，对高污染、高能耗行业严格管控，控制行业资金投入，同时支持企业采用节能减排的新设备、新技术，有力促进传统产业结构调整和技术改造升级。

（五）积极成效

1. 节能减排成效显著

本期资产支持证券募集资金共计44.12亿元，将全部用于《绿色债券支持项目目录》中的污染防治、资源节约与循环利用、清洁交通、清洁能源、生态保护和适应气候变化五大分类项目。据中债资信测算，本次绿色信贷项目中来自3个客户的7笔资金投运成效可每年节约标准煤2.58万吨、减排二氧化碳6.82万吨、减少大气主要污染物二氧化硫排放9.57吨、减排氮氧化物13.67吨、烟尘2.73吨、处理处置固体废物2.44万吨，环境效益明显。

2. 促进绿色信贷资产证券化高质量发展

目前，我国商业银行正积极发展绿色金融业务，21 家主要商业银行合计持有绿色信贷规模已超过 10 万亿元，但绿色信贷资产流动性往往较低。本期资产支持证券绿色信贷资产化有助于盘活建行存量绿色信贷，提高挖掘存量绿色金融供给数量。此外，信贷资产证券化出表的特点，在未增加负债业务的情况下，能够改善银行的存贷比水平，缓解资本补充压力，形成良好实践范例。

三、中国中投证券—国富保理—首创股份 1 期绿色供应链金融资产支持专项计划

2019 年 6 月，以首创股份作为核心企业的"中国中投证券—国富保理—首创股份 1 期绿色供应链金融资产支持专项计划"成功发行。作为我国首单绿色供应链资产证券化产品，该项目计划规模为 50 亿元，采取分期发行方式，发行期数不超过 24 期，2019 年 6 月发行首期规模为 0.96 亿元。

（一）行业背景

1. 供应链和供应链金融

供应链是以客户需求为导向，以提高质量和效率为目标，以整合资源为手段，实现产品设计、采购、生产、销售、服务等全过程高效协同的组织形态。供应链金融，即金融机构根据产业特点，围绕供应链核心企业，基于真实的交易过程向核心企业和其上下游相关企业提供的综合金融服务。

供应链金融的参与主体主要包括核心企业、融资企业（包括上游供应商和下游分销商、零售商）、金融机构及第三方物流公司等。其中，核心企业是金融机构向整个供应链条提供金融服务的关键因素（见图 5 - 5）。

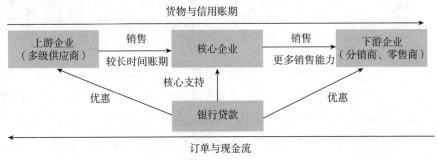

图 5 - 5 供应链各方主体及关系

2. 绿色供应链 ABS 概况

供应链金融 ABS 是以核心企业上下游交易为基础，以未来的现金流收益为基础，通过发行资产支持证券募集资金的一种项目融资方式。目前市场上已发行的供应链金融 ABS 主要以应收账款为基础资产，提供融资服务的机构有保理商和商业银行。供应链金融业务不仅有助于拓宽中小企业的融资渠道，降低中小企业的融资成本，也能有效提高整个供应链的流转效率。

近年来，绿色金融日渐成为金融机构业务的新兴增长点。而绿色供应链金融指的是将绿色金融理念融入供应链当中，是绿色金融与传统供应链金融的融合与创新，资金专项用于节能环保和可持续发展领域，实现企业效益与环境之间的平衡。

(二) 债券基本信息

该绿色供应链 ABS 项目计划发行总规模为 50 亿元，首期发行规模为 0.96 亿元。本次发行分为两档，其中优先级资产支持证券发行规模为 9500 万元，债项评级 AAA 级，预计到期日为 2020 年 6 月 3 日，票面利率为 3.59%，在兑付日支付预期收益，一次性还本；次级资产支持证券发行规模共计 100 万元，预计到期日为 2020 年 6 月 3 日，无利率无评级，在兑付日支付本金及剩余收益。本期绿色供应链金融资产支持专项计划基本信息见表 5-7。

表 5-7 首创股份 1 期绿色供应链金融资产支持专项计划基本信息

证券全称	中国中投证券—国富保理—首创股份 1 期绿色供应链金融资产支持专项计划	
发行人	深圳国富商业保理有限公司	
资产池资产级别	优先级	次优级
发行规模（亿元）	0.95	0.01
期限（天）	363	363
发行利率（%）	3.59	
票面金额（元）	100	
发行时间	2019 年 6 月 6 日	
发行方式	私募发行	
发行场所	上海证券交易所	
债项评级	AAA 级	无评级
还本付息方式	在兑付日支付预期收益，一次性还本	在兑付日支付本金及剩余收益

资料来源：《首创股份关于中国中投证券—国富保理—首创股份 1 期绿色供应链金融资产支持专项计划成立的公告》。

该专项计划的原始权益人为深圳国富商业保理有限公司，SPV 管理人为中国中投证券有限责任公司，监管银行为中国建设银行股份有限公司北京市分行，核心企业为北京首创股份有限公司，该企业是北京首都创业集团旗下国有控股环保旗舰企业，是我国综合环境服务领域的龙头企业。作为该项目的战略合作方以及托管银行，工商银行将协助首创股份有限公司实现供应链上下游资金融通，加速供应链中企业销售回款，将绿色理念融入供应链金融的同时，有效助力普惠金融业务发展，致力于追求效益与环境相平衡的供应链管理方式。

该项目募集资金中大部分用于购买建设绿色项目产生的应收账款，涉及的绿色项目包含建设四川省眉山市仁寿县球溪河（仁寿段）流域水污染综合治理一期项目和湖南省常德市临澧县城区安全饮水工程 PPP 项目。其中，仁寿项目被纳入财政部 PPP 项目管理库的 PPP 项目，分别被评为第二批次省级示范项目和第四批次国家示范项目。临澧项目被纳入财政部 PPP 项目管理库的 PPP 项目，为第三批次国家示范项目和第三批次省级示范项目。

（三）产品设计

本项目采用单 SPV（特殊目的载体）结构，以首创股份上游供应商拥有的对首创股份下属公司的应收账款债权为基础资产发行资产证券化产品。首创股份通过出具《付款确认书》的方式对其作为债务人的未到期应收账款债权进行付款确认，确认负有到期偿付应收账款的义务。通过发行本期资产证券化产品，既可以为首创股份的供应商解决融资问题，同时能够使首创股份实现更为灵活的应付账款账期管理，具体交易结构见图 5-6。

本专项计划采用优先级/次优级结构化安排的内部增信方式。具体划分为优先级资产支持证券和次级资产支持证券。按《计划说明书》中约定的分配顺序分配专项计划利益，每当分配利益时，只有在优先级资产支持证券持有人的预期分配得到满足后，计划管理人方可向次级资产支持证券持有者分配。优先级资产支持证券持有人如有尚未清偿的本金，将会得到优先清偿，直至优先级资产支持证券清偿完毕。在优先级/次优级结构化安排的内部增信方式下，次级资产支持证券的持有比例越高，对优先资产支持证券持有人的保障将越大。

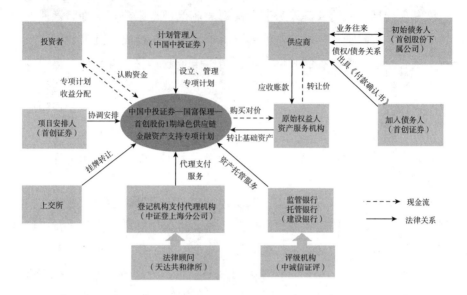

图 5 – 6　首创股份 1 期绿色供应链金融资产支持专项计划交易结构

（资料来源：《中国中投证券—国富保理—首创股份 1 – 24 期

绿色供应链金融资产支持专项计划之专项计划说明书》）

（四）发行人及核心企业基本情况

1. 发行人基本情况

深圳国富商业保理有限公司（以下简称"国富保理"）成立于 2014 年 12 月，注册资本为 12000 万元，业务范围覆盖全国，实际控制人为河南省人民政府。国富保理拥有一整套完备的风险测控体系，内控系统稳定性好，可靠性高。除此之外，国富保理内部编制较为完善，对开展保理业务的要求、保理业务具体操作流程、风险防范和预警等业务规范和风险控制措施有着明确的规定，有利于加强保理业务管理，规范保理业务操作，防范业务风险。国富保理的服务项目主要包括保理融资、保理衍生业务、风险管理业务、增值服务业务等。

2. 核心企业基本情况

在供应链中居于核心地位，通过某种共同利益所产生的凝聚力把相关企业（为与核心企业相对应，以下称"节点企业"）整合起来并吸引在自己周围的主导企业则称为核心企业。核心企业是整条供应链中的管理者、组织者与协调者，对其他成员企业之间形成长期稳定的战略合作伙伴关系有着重要的作用和影响。具体来说，核心企业是供应链中的信息交换中心、物流中心和结算中心，其他节点企业都围绕着核心企业的信息流、资金流、物流等资源组织生产活动。此支持项目的核心企业为北京首创股份有限公司。

北京首创股份有限公司（600008.SH）成立于1999年，是北京首都创业集团旗下国有控股环保旗舰企业。作为首批从事环保投资的上市公司，首创股份率先实践国内水务环保产业市场化改革，积极推动环保事业发展，致力于成为值得信赖的生态环境公共服务商。经过近二十年发展，公司业务从城镇水务、人居环境改善，延伸至水环境综合治理、绿色资源开发与能源管理，布局全国，拓展境外市场，目前已成为全球第五大水务环境运营企业。截至2018年6月，首创股份在全国23个省、自治区和直辖市的100多个城市拥有项目，总资产达611亿元。公司水处理能力达到2400万吨/日，服务总人口超过5000万人，固废处理能力超过4万吨/日。

（五）积极成效

1. 推动绿色金融与供应链相结合

中国中投证券—国富保理—首创股份1期绿色供应链金融资产支持专项计划的发行是一次有益尝试，填补了我国在绿色供应链ABS领域的空白，示范效应明显。通过本期ABS的成功发行，有助于企业盘活存量优质资产，促进并优化资源配置，降低应收账款和存货占用。不仅如此，通过吸引更多的市场闲置资本，为首创股份实现供应链上下游资金融通提供了坚实保障。此外，绿色供应链金融业务的探索性实践为解决中小企业融资困局提供了新的发展思路。

2. 缓解核心企业现金流压力

资产支持专项计划的成功发行可以延长核心企业应付账款的付款期限，有效缓解企业短期现金流压力困局，优化核心企业负债结构，而且对核心企业资产负债率不产生影响。不仅如此，以绿色金融项目供应链金融资产发行资产支持证券，能够有效提升绿色金融企业项目的市场认可度以及发行企业在行业的影响力。

第六章　境外绿色债券

自 2015 年 7 月中资企业首次于中国香港发行绿色美元债券以来，我国境外绿色债券发行规模逐年增加，发行场所及币种不断丰富。2019 年，中资企业境外绿色债券发行量再创新高，同比增长近一倍，实现了品种设计、付息机制等多维度的创新，对粤港澳大湾区发展、"一带一路"沿线国家和地区绿色基础设施建设形成了有力支持。

本章将结合全球绿色债券市场发展情况，对 2019 年中资主体赴境外发行绿色债券情况进行专题分析，对颇具特色的中国香港市场及部分境外发行案例进行专门介绍。第一节将简要介绍国际绿色债券市场包括自 2007—2019 年的发展历程，同时对国际应用较为广泛的绿色债券标准进行简要介绍；第二节针对 2019 年中资主体境外绿色债券市场发行情况和发行特点进行分析，指出境外发行绿色债券存在的问题并提出相关的政策建议；第三节对 2019 年发行境外绿色债券进行详细介绍，并选取"工银租赁 2019 绿色债券""港珠横琴粤港澳大湾区首只双币种国际绿色债券""工商银行'一带一路'银行间常态化合作债券""江西水投 3 亿美元高级无抵押绿色债券"四只各具特色的债券进行案例分析；第四节对中国香港绿色债券市场进行专题分析。

第一节　国际绿色债券简介

绿色债券在国际的发展源于应对气候变化、保护环境和可持续发展需求。自 18 世纪工业革命以来，世界经济取得了高速发展，同时也引发了一系列由气候变化造成的问题。近年来，森林火灾频发、传染病肆虐、沿海城市面临危机、极地动物生存艰难，气候变化对人类生产生活造成了严重的伤害，已经成为整个人类社会不得不重视、不得不面对、不得不解决的重大问题。为应对上述问题，并将各方呼吁的理念落到实处，多边开发银行率先进行了绿色债券的发行探索，在实践积累的基础上，国际组织对于绿色债券的发行经验进行了有效总结，并以此形成相关标准，为绿色债券的推广打下了坚实的基础。

一、发展简介

2007 年，欧洲投资银行发行了世界上第一只绿色债券——气候意识债券（Climate Awareness Bond，CAB），发行规模为 10 亿欧元，期限为 30 年，票面利率为 1.5%。CAB 是多边机构中发行的第一只环保主题债券，该债券被视为全球首单绿色债券，债券不仅明确了将募集资金用于绿色项目，更设立了严格的专款专用标准。

2008 年 11 月，世界银行发行了其首只绿色债券，募集资金约 4.4 亿美元，用于支持斯堪的纳维亚气候变化减缓及适应项目，成为绿色债券发展的一次重要实践。值得一提的是，以首单绿色债券为基础，世界银行逐步探索形成了包含项目选择标准、项目选择流程、募集资金分配、检测与报告等环节的整套绿色债券发行流程，为后续标准的出台提供示范。截至 2018 年，世界银行累计发行了 147 只覆盖 20 个币种的绿色债券，支持了全球 91 个绿色项目。上述项目短则 5～10 年，长则 25～30 年，募集资金总额已超过 154 亿美元，其中 85 亿美元已被发放至全球 28 个国家，在全球范围内影响深远。

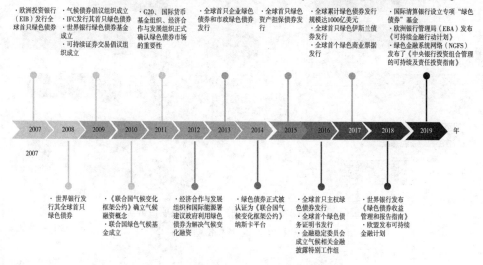

图 6 - 1　国际绿色债券市场发展历程

（资料来源：The World Bank green bond impact report 2019）

二、绿色债券标准

在多边金融机构的积极探索下，绿色债券逐步进入全球视野。同时，绿色债券缺乏明确的界定标准、投融资双方信息不对称等问题亟待解决。在此背景下，出台可被国际认可的绿色债券标准显得尤为关键。

（一）国际资本市场协会《绿色债券原则》

国际资本市场协会（ICMA）于 2014 年 1 月 31 日发布首版《绿色债券原则》（*Green Bond Principles*，GBP），成为全球适用范围最广的绿色债券标准。《绿色债券原则》首次明确了绿色债券的定义及分类标准，规划了清晰的债券发行流程和信息披露框架，其对于绿色债券发行全流程的规定集中于四大核心要素，即募集资金用途、项目评估与遴选流程、募集资金管理、报告。

根据 2018 年 6 月发布的最新版《绿色债券原则》，可再生能源、能效提升、污染防治、生物资源和土地资源的环境可持续管理、陆地与水域生态多样性保护、清洁交通、可持续水资源与废水管理、气候变化适应、生态效益性和循环经济产品、绿色建筑 10 大类项目均符合绿色债券募集资金投向要求。

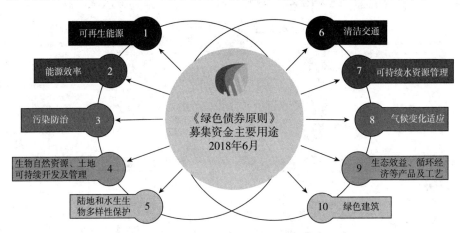

图 6－2　《绿色债券原则》支持绿色项目分类

（资料来源：国际资本市场协会）

（二）气候债券倡议组织《气候债券标准》

气候债券倡议组织（CBI）于 2011 年底发布《气候债券标准》（CBS），对气候债券认证标准进行说明。2017 年 1 月发布的 2.1 版本，针对扩大债务工具的范围、可以认证的标准等进行了改进。2019 年正式启用其 3.0 版本。

气候债券倡议组织在低碳建筑、低碳交通、地热能利用、可持续海洋能源利用、太阳能、风能、水资源基础设施、林业、生物能源、设施农业、土壤保护与修复等多个领域开发了较为详细的执行标准，但其关于混合能源、废弃物处理、土壤利用、航运、信息通信技术、渔业、一般农业、输配电与配套设施等方面的标准尚待进一步开发与完善。总体来看，《气候债券标准》对于募集资金投向项目是否具备明确的适应或应对气候变化的效应有着较为严苛的规定。

（三）欧盟绿色债券相关标准

2019 年 6 月，欧盟委员会技术专家组（TEG）连续发布了《欧盟可持续金融分类方案》（*EU Taxonomy*）和《欧盟绿色债券标准》（*EU Green Bond Standard*），明确要求在欧盟发行的绿色债券需要为符合《欧盟可持续金融分类方案》的项目进行融资或再融资。《欧盟可持续金融分类方案》设定了包括减缓气候变化、适应气候变化、海洋与水资源的可持续利用和保护、循环经济、污染防治、生物多样性、生态系统保护与修复在内的六大类环境目标，符合该分类方案要求的经济活动应当至少为一项环境目标作出实质性贡献且对其他五项无重大损害，同时符合最低安全标准。具体来看，该分类方案为 67 项能有效减缓气候变化的经济活动设立了技术筛查标准，并对几乎所有活动进行了评估，判断其是否对其他环境目标有重大危害性，为评估经济活动在气候变化适应领域的贡献提供了方法论和可行范例（见图 6-3）。

图 6-3 符合《欧盟可持续金融分类方案》项目分类的认定条件

（资料来源：《欧盟绿色债券标准》《欧盟可持续金融分类方案》）

第二节　中国境外绿色债券市场概览

2015 年 7 月 16 日，新疆金风科技股份有限公司发行了中资企业境外市场首单绿色债券，开启了我国在境外发行绿色债券的先河。截至 2019 年末，我国企业在境外累计发行绿色债券 66 只，发行规模约合人民币 2129.95 亿元，用于支持国内外多个国家绿色项目，投资范围涵盖可再生资源、能源效率、水污染治理、固体废物管理及清洁交通等多个绿色领域。本节将通过梳理我国境外发行绿色债券的发展情况，总结经验和问题，并对未来境外绿色债券的发行提出建议。

一、发行总量

2019 年我国共有 14 个发行主体在全球市场发行了 24 只绿色债券，募集资金约合 791.47 亿元人民币，同比增长 24%。其中，15 只绿色债券是由工商银行、建设银行、中国银行等中资商业银行及其分支机构发行，规模约合 559.94 亿元人民币；政策性银行及金融租赁企业各发行 1 只，共募集资金 67.18 亿人民币；当代置业、江西水投等非金融企业发行 7 只，募集资金 164.35 亿元。

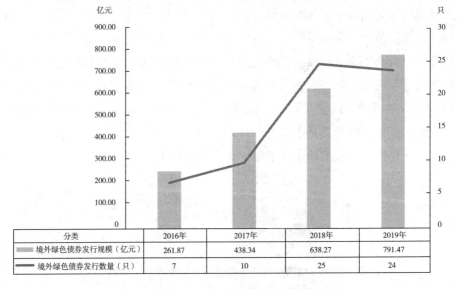

分类	2016年	2017年	2018年	2019年
境外绿色债券发行规模（亿元）	261.87	438.34	638.27	791.47
境外绿色债券发行数量（只）	7	10	25	24

图 6-4　2016—2019 年中国境外绿色债券发行情况

（资料来源：中央财经大学绿色金融国际研究院）

二、市场概况

从发行主体来看，我国境外绿色债券发行人仍以国有大型银行及其海外分支机构为主。从发行场所来看，发行地覆盖多个国际主要交易所，其中以香港联合交易所、新加坡交易所为主。从币种来看，发行币种包括美元、欧元、人民币、港元等多种货币，其中以美元、欧元为主。此外，2019 年我国发行的境外绿色债券呈现多重创新亮点，债券品种也不断丰富。

（一）国有大型商业银行为主

我国境外绿色债券的发行主体主要有商业银行、政策性银行和非金融企业。目前，国有大型商业银行及其分支机构仍然占主导地位。

商业银行不仅在境外绿色债券的发行数量上占据绝对优势。在绿色债券品种设计、资金投向和创新实践上也起到了重要引领作用。2019 年，国有大型商业银行共发行了 15 只约 559.94 亿元人民币的绿色债券，占据境外绿色债券市场整体份额的 70.75%。商业银行境外发行绿色债券既能有效吸引外资满足国内绿色项目融资需求，也有利于开拓我国境外投融资渠道，为绿色资本跨境流动提供了很好的实践范本。同时工商银行"一带一路"专项绿色债券的发行与探索，有助于支持"一带一路"倡议沿线国家和地区绿色项目及绿色基础设施建设。

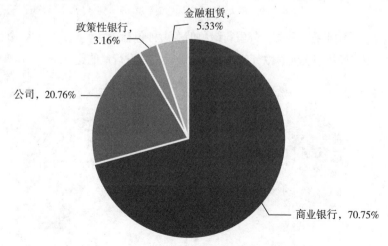

图 6-5　2019 年各类型发行人境外绿色债券发行规模分布

（资料来源：中央财经大学绿色金融国际研究院）

（二）多币种多地发行

2019 年，我国境外绿色债券的上市场所包括香港联合交易所、新加坡证券交易所、伦敦证券交易所、卢森堡证券交易所等多个国际交易中心，香港联交所依然是中资主体境外绿色债券最主要的发行场所，2019 年共有 16 家企业选择在香港联交所发行境外绿色债券，24 只境外绿色债券中有 3 只选择在多家交易所同步上市。2019 年建设银行香港分行首次在纳斯达克迪拜发行绿色债券，也是我国境外绿色债券首次登陆该交易所。

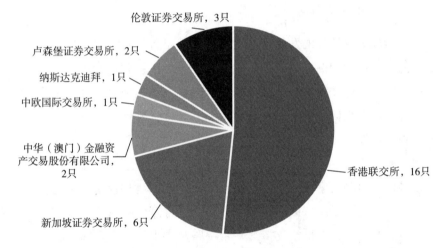

图 6 - 6　2019 年各交易所发行境外绿色债券数量

（资料来源：中央财经大学绿色金融国际研究院）

从发行币种来看，我国境外发行绿色债券币种包括美元、欧元、人民币、港元等多种货币，但仍以美元、欧元为主，二者合计占总发行量的比重高达 86.21%。

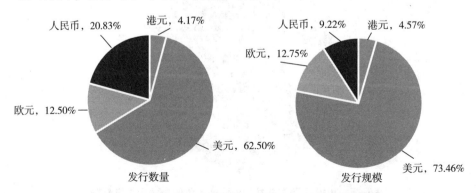

图 6 - 7　2019 年境外绿色债券各币种发行数量及规模分布

（三）创新形式多元

2019 年我国境外绿色债券在品种创新上呈现了多重亮点：中国银行的亚洲首单 SOFR 基准债券，工商银行的首单"一带一路"银行间常态化合作绿色债券，农发行的首单"粤港澳大湾区"主题绿色债券，江西水投的首单绿色金融改革试验区境外绿色债券等。

其中，2019 年 10 月中国银行澳门分行发行的 3.5 亿美元绿色债券首次采用了将浮动利息与美国担保隔夜融资利率（Secured Overnight Financing Rate，SOFR）相结合的付息模式。这是中国银行首次使用"担保隔夜融资利率"，也是亚太地区首次以此为基准发行的商业银行债券。LIBOR 利率依赖银行家的预期，SOFR 来源于交易数据，相较于 LIBOR 能够更加真实反映市场实际融资成本。2019 年 4 月，工商银行新加坡分行在"一带一路"银行间常态化合作机制下发行全球首只"一带一路"银行间常态化合作绿色债券，发行涵盖人民币、美元、欧元三币种，推动了"一带一路"银行间常态化合作机制建设，有助于进一步发挥银行体系的资金融通作用，将引领更多资金流向"一带一路"区域内绿色可持续发展。

三、政策建议

自绿色债券市场启动之初，一些中国企业就在积极筹划通过发行境外绿色债券为"一带一路"沿线国家的绿色基础设施建设和可再生能源发展提供融资支持。中资主体在全球市场发行绿色债券，对于我国与全球各国实现绿色协同发展、达成绿色标准互认，乃至展现中国企业的社会责任具有重要作用。2019 年，境外绿色债券发行规模已占总发行量的 23.7%，中国企业境外发行的绿色债券有望在中国乃至世界的绿色债券市场发展进程中发挥更大作用。为推进境外绿色债券市场更好发展，本书提出以下建议。

第一，境外发行债券面临难点应逐一解决，推动形成境外绿色债券发行基础。企业赴境外发行绿色债券需要经发改委审批备案，并按照国家外汇管理局规定办理外债签约登记手续和内保外贷签约登记，从资金流通层面存在发行难度。因此，推广境外发行绿色债券首先要解决其在监管层面注册备案的难度和在资金流通层面实现资本跨境兑付自由化的问题，建议从国家层面鼓励境内主体进行境外绿色债券发行，降低备案难度、缩减备案流程、鼓励绿色资本跨境流通、放宽境外绿色债券的资金流通门槛，加大我国市场化水平和资本对外开放力度，根本上提升境外绿色债券发行积极性。

第二，设立专门投资板块，增强绿色债券互联互通机制。境外绿色债券是中国绿色债券与全球市场互动的重要一环，对于提升中国绿色债券国际声誉，吸引全球责任投资者具有重要作用。目前，沪深交易所已相继与卢森堡交易所建立绿色债券"信息通"，沪深交易所挂牌的绿色债券可在卢森堡证券交易所同步展示。未来，建议进一步扩大境内外交易所互联互通机制的应用范围，同时探索借助互联互通机制设立专门投资板块，供全球投资者获取绿色债券相关信息，为投资者追踪市场表现、选择绿色债券提供便利，吸引全球责任投资者参与中国绿色债券市场。

第三，加强市场能力建设，形成专门激励政策。境外发债程序相对复杂，建议加强关于境外发行绿色债券的相关培训及宣传介绍，提升市场主体对绿色债券的认知，鼓励符合要求的潜在发行人通过绿色债券满足境外投融资需求。此外，境外发债对发行主体资信要求相对较高，考虑到相比于银行业金融机构，非金融企业在境外发行绿色债券时评级相对较低，发行难度相对较大，可考虑给予一定的信用增级支持，或通过财政激励政策降低发行成本等。

第三节　中国境外绿色债券案例分析

本节将对 2019 年四个中资主体发行的境外绿色债券情况进行深入分析，包括"工银租赁 2019 绿色债券""珠海大横琴粤港澳大湾区首只双币种国际绿色债券""工商银行'一带一路'银行间常态化合作债券""江西水投 3 亿美元高级无抵押绿色债券"。

一、工商银行"一带一路"银行间常态化合作债券

党的十九大报告提出，"遵循共商共建共享原则，加强创新能力开放合作，形成陆海内外联动、东西双向互济的开放格局"。工商银行作为大型国有控股商业银行，积极践行国家战略，为"一带一路"倡议提供优质金融服务；促进了"一带一路"银行间常态化合作机制的成立和深化，为"一带一

路"国际金融合作创新贡献中国方案和中国智慧。

（一）"一带一路"银行间常态化合作机制介绍

在 2017 年 5 月首届"一带一路"峰会期间，工行倡议并成立了"一带一路"银行间常态化合作机制（BRBR 机制）。截至 2019 年 4 月中旬，该机制已吸纳 45 个国家和地区的 85 个成员机构。该机制以绿色、透明、可持续为重点，努力提高"一带一路"金融合作的效率，促进"一带一路"金融稳定和经济健康发展。其成员秉承"机制共建、利益共享、责任共担、合作共赢"的精神，积极推动"一带一路"项目融资、交易银行、金融市场等多领域合作，使该机制成为服务"一带一路"建设过程中共享信息、共商政策、互荐项目、互助合作的重要平台。

（二）债券基本信息

该债券为全球首只绿色"一带一路"银行间常态化合作债券。已被正式列入第二届"一带一路"国际合作高峰论坛官方成果清单。此次发行涵盖人民币、美元、欧元三种币种，募集资金将用于支持"一带一路"绿色项目建设。债券具体情况见表 6-1。

表 6-1 工商银行"一带一路"银行间常态化合作债券基本信息

债券名称	工商银行新加坡分行 FRN N2022	工商银行新加坡分行 FRN N2024	工商银行新加坡分行 0.25% N2022	工商银行新加坡分行 3.3% N2022
发行主体	中国工商银行新加坡分行			
发行时间	2019 年 4 月 25 日			
上市场所	新加坡证券交易所			
发行规模	9 亿美元	6 亿美元	5 亿欧元	10 亿元人民币
期限（年）	3	5	3	3
票面利率（%）	浮息	浮息	0.25	3.30
上市场所	新加坡证券交易所			
主体评级	A1 级			
评级机构	穆迪			
评估认证机构	无			

资料来源：中央财经大学绿色金融国际研究院。

从承销人来看，该债券的 22 家承销商来自十几个国家和地区，其中约 80% 是"一带一路"银行间常态化合作机制成员，包括中国工商银行、英国汇丰银行、渣打银行等数十家银行。该债券选择"一带一路"共建国家和地区的银行参与承销，有利于进一步推进和深化"一带一路"银行间常态化合作机制的建设。

该债券欧元品种是 2019 年以来新加坡金融机构发行的最大规模欧元债券，本次发行受到各国央行及主权基金类投资者的积极认购，美元 3 年期浮息债券和欧元 3 年期固息债权中此类投资者占比分别为 48% 和 40%。

（三）发行人基本情况

2013 年，中国人民银行任命中国工商银行新加坡分行为中国境外第一家人民币清算行。作为工商银行集团确定的集中发行中心和离岸人民币交易中心之一，工商银行新加坡分行在支持和资助"一带一路"、共建国家绿色发展方面具有领先地位。截至 2018 年底，中国工商银行与会员机构共资助"一带一路"项目 50 余项，贷款总额超过 440 亿美元。

中国工商银行积极践行绿色金融的理念，连续十二年编制和发布社会责任报告，并在 2018 年获得"年度最具社会责任金融机构奖"，不断为打造具有全球竞争力的世界一流现代金融企业而努力。

（四）积极成效

1. 促进绿色可持续发展，推动"一带一路"倡议与绿色发展融合

该债券不仅着眼于支持发展绿色项目，同时也发挥着金融服务"一带一路"倡议的作用。该债券的发行有利于"一带一路"银行间常态化机制的深化发展，促进了沿线国家和地区金融市场的共同繁荣，有助于更好地发挥银行在"一带一路"中的资金融通作用，推动"一带一路"倡议与绿色发展理念的有机融合。

2. 更好发挥桥梁作用，体现中国责任与担当

本次离岸人民币债券得到市场积极认购，体现了国际投资者对中国经济持续向好的信心和对人民币国际化稳健发展的认可。工商银行新加坡分行作为新加坡唯一的人民币清算行，将继续发挥好桥梁作用，为中新互联互通和

"一带一路"建设提供更好的金融服务。作为负责任的大国，中国通过发行境外绿色债券为"一带一路"沿线国家和地区的绿色基础设施建设和可再生能源发展提供支持，促进我国与全球各国实现绿色协同发展，达成绿色标准互认。

3. 优化绿色资金流通方式，降低融资成本

直接发行境外债券时，发行人可根据实际需求选择币种，规避了外汇兑换可能造成的潜在影响。因此，直接发行境外债券有利于优化绿色资本跨境融通，提高融资效率，降低融资成本。

二、江西水投 3 亿美元高级无抵押绿色债券

江西水投 3 亿美元高级无抵押绿色债券作为全国首单绿色金融试验区境外绿色债券，对拓宽绿色金融试验区融资渠道有着极为重要的意义。

（一）债券基本信息

该债券为全国绿色金融试验区首单境外绿色债券。其期限为 3 年，发行规模 3 亿美元，票面利率为 3.4%。债券具体情况见表 6 - 2，该债券为高级无抵押债券，由江西水投的直接子公司江西省水利投资集团（中国）有限公司发行，由江西水投提供无条件、不可撤销的担保，预期发行评级 Baa3/BBB（穆迪/惠誉）。其募集资金将主要用于符合绿色债券框架的合格绿色项目的融资和/或再融资，包括偿还现有债务和一般公司用途。

表 6 - 2　江西水投 3 亿美元高级无抵押绿色债券基本信息

债券全称	江西水投 3 亿美元高级无抵押绿色债券
发行人	江西省水利投资集团（中国）有限公司
发行规模及币种（美元）	300000000
发行日期	2019 年 12 月 5 日
到期日期	2022 年 12 月 5 日
期限（年）	3
票面利率（%）	3.4
发行价格（美元）	100
发行方式	公开发行
付息频率	每半年一次

续表

上市场所	香港联合交易所
债项评级	BBB 级
评级机构	惠誉
评估认证机构	香港品质保证局

资料来源：中央财经大学绿色金融国际研究院。

（二）发行人基本情况

江西省水利投资集团公司成立于 2008 年 3 月，是江西省人民政府授权省水利厅监管的国有大型企业。公司经营活动包括水利、供水、电力等项目的投资和经营，致力于开发水资源、拓展水产业、提升水价值、传播水文化。作为江西省唯一的省级水利投融资平台，江西水投承接丰富发展资源，积极承担重点工程建设项目及其他水利建设、运营职责，推动了江西省的水利发展。

公司依托自身水资源优势，以打造"垄断"型供水产业和控制全省优质水资源为战略重点。2020 年底计划实现控制全省县（市）级供水 95% 份额，控制地级供水市场 80% 份额。随着水利项目的建成投产，公司未来水利法典及光伏发电能力也将进一步增强。目前已形成水务、能源、项目建设、生态资源、生态环境五个主产业板块。

（三）积极成效

1. 为绿色金融试验区发行境外债券起示范作用

江西省绿色金融改革试验区注重发展绿色直接融资，不断推动符合条件的企业赴境外发行绿色债券。该债券作为全国绿色金融试验区首只境外绿色债券，其成功发行向国内外投资人展示了国家生态文明试验区（江西）建设的成果，为其他绿色地区在国际市场发行绿色债券起到了示范作用。

2. 拓宽直接融资渠道，推动江西生态文明建设

本次债券的发行促进江西省更好地利用境内、境外两个市场，拓宽直接融资渠道，既推动了江西省水利基础设施的建设，为整治生态环境和开发清洁能源作出极大贡献，又推动江西生态文明建设。

三、工银租赁 2019 年绿色债券

2019 年 11 月，工银租赁成功发行 6 亿美元境外绿色债券，是国际资本市场首只中资租赁绿色债券，债券首次将租赁业务与绿色融资相结合，进一步发挥租赁业务绿色融资优势。

（一）债券基本信息

本期债券为 6 亿美元境外绿色债券，募集资金将用于为推广低碳及可持续发展经济、具有显著环境可持续发展和气候变化效益的合格绿色资产（见表 6 - 3）。

表 6 - 3　工银租赁 2019 年绿色债券基本信息

债券全称	工银租赁 2019 年绿色债券
发行人	工银金融租赁有限公司
发行规模及币种（美元）	600000000
发行日期	2019 年 11 月 20 日
到期日期	2024 年 11 月 20 日
期限（年）	5
票面利率	浮动利率
发行价格（美元）	100
发行方式	公开发行
付息频率	每季度一次
上市场所	香港联合交易所
主体评级	A1 级/A 级/A 级
评级机构	穆迪/标普/惠誉
评估认证机构	香港品质保证局

资料来源：中央财经大学绿色金融国际研究院。

（二）发行人基本情况

该债券发行主体为工银金融租赁有限公司，是国务院确定试点并首家获中国银监会批准开业的银行系金融租赁公司。公司依托中国工商银行的强大实力，提供各类租赁产品以及租金转让与证券化、资产管理、产业投资顾问等金融产业服务，定位为大型、专业化的飞机、船舶和设备租赁公司，依托中国工商银行的品牌、客户、网络和技术优势，建立了较为完善的金融租赁产品和服务体系。数据显示，工银租赁经营和管理的境内外总资产超过 2600

亿元；拥有和管理的飞机超过 400 架，其中已交付运营的商用飞机突破 200 架；管理的船舶和海工资产达 275 艘（台）；大型设备 3 万台（套）。其市场份额、资产规模、营业收入和利润总额等主要指标位居行业前列。

作为首家银行系租赁公司，工银租赁旨在建设世界一流的租赁公司，并积极践行绿色金融理念。公司投放领域涵盖可再生能源、低碳低排放交通、能源效率、可持续水资源与废水管理等多类别。截至 2019 年第一季度，公司存量绿色资产超过 35 亿美元。

（三）外部评估认证

工银租赁建立了专门的绿色金融工作组，结合业务部门、审计部门、法务部门等综合意见，确定符合标准的绿色项目类别，其绿色项目遴选及绿色债券发行框架由香港品质保证局认证。

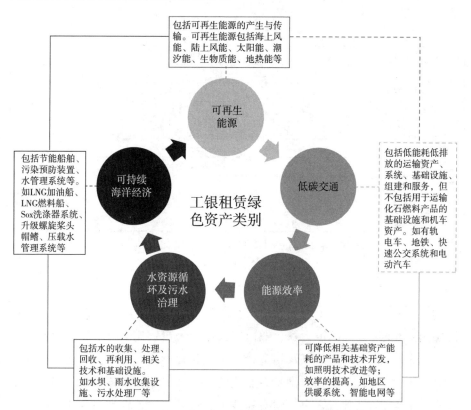

图 6-8　工银租赁绿色债券发行框架下合格绿色项目类别

（资料来源：香港品质保证局）

（四）积极成效

1. 国际资本市场首只中资租赁绿色债券

该债券作为国际资本市场首只中资租赁绿色债券，拓宽了租赁行业融资渠道。该债券发行首次把租赁业务与绿色融资结合起来，进一步发挥租赁业务特色，将绿色融资与工银集团绿色信贷建设相结合，服务实体经济，发展绿色租赁。

2. 获得亚洲及欧洲投资者的积极参与

本次绿色债券发行规模 6 亿美元，募集资金将用于为推广低碳及可持续发展经济、具有显著环境可持续发展和气候变化效益的合格绿色项目。此次债券的发行获得亚洲及欧洲绿色投资者的积极参与，非银行类投资者占比达35%，实现逾 5 倍超额认购，充分体现了机构投资者的高度认可。

四、珠海横琴粤港澳大湾区首只双币种国际绿色债券

粤港澳大湾区建设是习近平总书记亲自谋划、部署和推动的国家战略，大湾区总面积 5.6 万平方公里，人口约 7000 万人，GDP 总量超过 10 万亿元人民币。珠海大横琴投资有限公司成功发行粤港澳大湾区首只双币种国际绿色债券，创广东省国有非金融企业首只双币种高级无抵押债券先例。该债券提升了国际市场对粤港澳大湾区的了解，为地方国有企业通过境外市场满足融资需求形成良好示范。

（一）债券基本信息

2019 年 11 月，珠海大横琴发行境外 4.5 亿美元高级债券和 8 亿元人民币绿色高级债券，创广东省国有非金融企业首只双币种高级无抵押债券先例，该笔债券为粤港澳大湾区首只双币种国际绿色债券。

本次双币种债券在香港、澳门两地同时上市，其中离岸人民币绿色债券发行金额 8 亿元、期限 2 年、票面利率 4.6%。

表6-4　粤港澳大湾区首只双币种国际绿色债券基本信息

债券全称	珠海大横琴粤港澳大湾区首只双币种国际绿色债券
发行人	珠海大横琴投资有限公司
发行规模及币种（亿元人民币）	8
发行日期	2019 年 11 月 27 日
到期日期	2021 年 11 月 27 日
期限（年）	2
票面利率（%）	4.6
发行价格（元）	100
发行方式	公开发行
付息频率	每半年一次
上市场所	香港联合交易所、澳门金交所
主体评级	AAA 级
评级机构	上海新世纪资信评估投资服务有限公司
评估认证机构	无

资料来源：中央财经大学绿色金融国际研究院，香港联交所。

（二）发行人基本情况

珠海大横琴投资有限公司是由珠海市国资委出资组建的国有独资企业。主要承担横琴新区基础设施开发、招商引资、物业管理、项目管理、咨询服务、产业开发、风险投资等业务，是横琴新区主要的投资管理机构，开发建设的主力军和排头兵。

近年来，公司积极探索多种资本市场融资方式，在跨境融资、粤澳合作、信用评级等多领域取得突破发展。目前，该公司已获得国内 AAA 级主体信用最高评级，目前正积极探索跨境发债、中期票据、合作基金等创新融资模式，历次发行利率均在市场同期同类型企业中保持较好的价格区间。

（三）积极成效

1. 积极促进国际市场了解粤港澳大湾区及横琴新区

该债券是珠海横琴投资有限公司继 2014 年首发"点心债"后再次亮相离岸债券市场。也是该公司首次依托公司信用发行双币种、两地上市的国际债券。本次债券在港澳两地同时双币种上市，市场踊跃认购，彰显了国际投资者对横琴新区未来发展的认可，为国际资本市场了解粤港澳大湾区及横琴新区打开了一扇窗户。

2. 开拓融资渠道，示范作用明显

珠海横琴粤港澳大湾区首只双币种国际绿色债券的发行加强了境内外资本市场合作、拓宽了融资渠道，也为大湾区地方国企充分利用国际资本市场金融资源起到示范引领作用。该债券的发行有助于促进大湾区绿色金融市场互融互通，助力港澳融入国家发展大局，对进一步巩固香港作为国际金融中心的地位、推动澳门经济适度多元化发展，提升粤港澳区域金融合作的水平具有积极意义。

第四节　香港绿色债券市场概览

香港作为国际金融中心，也是联合国环境署（UNEP）于 2017 年 9 月牵头成立的"全球金融中心城市绿色金融联盟"（FC4S）的城市之一。依托发达的金融市场和包容的证券发行制度，香港有望逐步发展成为全球绿色金融中心。2019 年，在香港发行及安排上市的绿色债券规模再创新高，香港政府发行绿色债券计划下的首批绿色债券，呈现多重亮点。

一、香港政府绿色债券计划

为推动绿色金融市场在香港的发展，《中华人民共和国香港特别行政区行政长官 2017 年施政报告》中提出，香港政府将带头在 2018—2019 财政年度发行绿色债券。其后，在 2018—2019 财政年度财政预算案中，特区政府宣布推出"1000 亿港元香港政府绿色债券计划"。

根据《香港政府财政预算案》，该计划下债券募集资金将拨入政府基本工程储备基金，以彰显政府对可持续发展的支持，以及应对气候变化和推动绿色金融发展的决心。此外，该计划下发行的绿色债券将依照国际市场认可较广的绿色债券标准，包括进行独立评估认证等，为其他潜在绿色债券发行人树立榜样。

此计划是目前全球规模最大的政府发行计划之一，将为绿色公共工程提供资金支持。同时，资金的分配过程也将被全程跟踪，增强公开性和透明性，确保投资者所投资金用于绿色领域。此外，该计划鼓励发行人通过香港资本市场为绿色项目融资，以此高效推动绿色金融在香港的发展，并进一步加深投资者的认识，扩大本地绿色投资者基础。

2019年5月，香港政府宣布在政府绿色债券计划下发售首批绿色债券，发行规模为10亿美元，期限为5年，票面利率为2.555%，获得了评级公司标准普尔和惠誉的AA＋评级，并获得香港品质保证局"绿色金融认证计划"的发行前评估认证。这批债券于2019年5月10日起在香港、伦敦、巴黎、法兰克福、阿姆斯特丹、波士顿、纽约和新加坡举行了一系列路演活动，最终于5月21日定价，在香港交易所和伦敦证券交易所两地上市，为香港潜在发行人提供了重要基准。债券募集资金将拨入基本工程储备基金，为具有环境效益和推动香港可持续发展的公共工程供应资金。

全球投资者对香港政府发行的绿色债券反响热烈，超额认购倍数超过4倍。按照地域类别统计，逾100个国际机构投资者进行了认购，最终50%的额度分配给亚洲投资者，27%分配给欧洲投资者，23%分配给美国投资者。按照投资者类别统计，29%的额度分配给银行，30%分配给基金、私人银行及保险公司，41%分配给主权基金、中央银行及国际组织。

此次债券的成功发行证明了国际资本市场对香港政府资信状况的肯定，对香港推动可持续发展和应对气候变化的支持，也展示了香港作为亚太地区绿色金融枢纽的优势。

二、其他积极政策

除了绿色债券计划以外，香港政府还推出了绿色债券资助计划、绿色金融认证计划以及在粤港澳大湾区建设背景下推动两地绿色债券市场接轨加速的一系列政策，推动香港绿色债券市场高速发展。

（一）绿色金融认证计划

香港品质保证局于2018年1月推出"绿色金融认证计划"，参考国内外绿色债券标准，为发行人绿色债券认证服务。该认证提供发行前及发行后评估认证，用于评价绿色项目是否符合相关标准以及募集资金投向情况。认证计划的实行可以提供标准化的认证评估流程，提高市场公信力，增强投资者信心。

据香港品质保证局介绍，"绿色金融认证计划"提供两种认证，绿色金融发行前认证及发行后认证，以评估绿色金融工具和投资项目是否具备相应资格。凡是拟发行债务工具并将募集资金用于支持绿色项目的发行人都可以申请认证计划。此计划旨在发掘香港绿色金融市场新机遇，推广绿色金融理念，并在香港、内地及全球推动环境友好投资。该计划取得积极成效，在推出满一年后，已完成逾34个绿色债券认证的案例，相关绿色债券及贷款的发行总额预计超过60亿港元。

（二）绿色债券资助计划

香港特区政府在《2018 至 2019 财政年度财政预算案》中宣布设立绿色债券资助计划（GBGS），2018 年 6 月正式推出，以资助合格的绿色债券发行机构通过香港品质保证局"绿色金融认证计划"取得认证。

香港特区政府表示，绿色债券资助计划鼓励发行机构利用香港具有竞争力的资本市场以及顶尖的金融和专业服务，提升绿色金融产品的透明度和认证标准。合格绿色债券通过绿色金融认证计划取得认证的费用可获全额资助，每笔债券发行的资助上限为 80 万港元。绿色债券发行人不论是首次或再度在香港发行绿色债券并将其上市，只要发行金额超过 5 亿港元或等值外币，均可申请资助。绿色债券资助计划有效期为三年，该计划有助于增强市场对绿色金融的信心，降低绿色债券发行人成本。

（三）国家战略及债券互联互通机制助力香港绿色金融市场发展

2018 年 3 月，国家发改委在《国家发展和改革委员会与香港特别行政区政府关于支持香港全面参与和助力"一带一路"建设的安排》中指出，要推动基于香港平台发展绿色债券市场，支持符合条件的中资机构为"一带一路"建设相关的绿色项目在香港平台发债集资，推动建立国际认可的绿色债券认证机构，利用香港的专业优势，提供有关环境影响评估、绿色建筑和污染防控等方面的技术及服务。在粤港澳大湾区规划及"一带一路"建设背景下，香港绿色债券市场有望进一步发展成为具有国际影响力的绿色金融中心。2019 年 2 月，国务院发布《粤港澳大湾区发展规划纲要》，定位香港为绿色金融中心，发挥香港在金融领域的带动作用，打造"一带一路"建设的投融资平台，支持香港打造大湾区绿色金融中心，推进深港金融市场互联互通。香港绿色金融协会则于 2019 年 9 月宣布成立"大湾区绿色金融发展联盟"，同时推出多项政策支持香港绿色金融发展。

同时，在粤港澳大湾区规划建设的背景下，"债券通"计划有望进行深度推进。2017 年推出的"债券通"是香港与中国内地的一项市场连通计划，旨在为外国投资者参与境内债券市场提供便利渠道。借助"债券通"计划，香港绿色债券市场与内地绿色债券市场实现跨境合作，通过与内地市场接轨，依托内地丰富的绿色债券投资标的、香港更广泛的责任投资者以及良好的市场环境，促进香港绿色债券市场发展壮大。2019 年 2 月，"债券通"一级市场信息平台正式上线，通过该平台，投资者除了在二级市场交易已发行的债券之外，也可以参与一级市场的债券发行。从规模来看，2019 年 6 月"债券通"总成交量达 1309.2 亿元人民币，处于稳步增长阶段。

三、香港绿色债券市场总体情况

香港绿色债券的发行始于 2015 年。2015 年至 2017 年，仅 9 只绿色债券在香港发行，发行总额约 36 亿美元。2018 年出现大幅跃升，共有 110 亿美元绿色债券上市发行，这些债券主要以美元为发行币种，发行人包括香港、内地与世界其他地区的公司。由此，香港已逐步成为国际绿色债券市场的重要组成部分之一。

根据气候债券组织（CBI）公布的《2019 年香港绿色债券市场发展简报》，2019 年共有约 100 亿美元的绿色债券在香港市场发行，较 2018 年发行总额下降约 10%，累计发行总额达 260 亿美元。政府主体成为主要发行人之一，同时，低碳建筑仍然是香港绿色债券支持的重点。近年来，绿色债券市场在香港的发展呈现出以下几方面特征。

（一）内地企业为香港绿色债券发行主力军

香港长期以来一直是中国内地企业首选的离岸金融中心，相较于其他市场，内地企业更熟悉香港市场的基础设施、政策，加之香港绿色资讯及认证机制不断完善，大多数绿色债券内地发行人以香港作为境外资金募集场所的首选。2019 年，中国内地企业在香港市场发行绿色债券共计 80 亿美元，占市场总量的 79%，较 2018 年增长约 10%，发行人包括江西水投、武汉地铁、工银租赁、中国农业发展银行和珠海大横琴等。

（二）美元为香港绿色债券主要发行币种

据气候债券倡议组织统计，2019 年在香港发行的绿色债券币种主要为美元、港元和人民币，其中美元占绿色债券总发行量的比重最大，约为 81%，港元及人民币分别为 13% 和 6%。香港美元债券的发行条件相对宽松，许多内地绿色债券发行人选择以外币形式在香港发行绿色债券，例如武汉地铁集团有限公司和江西省水利投资集团等主体以美元为币种在联交所发行绿色债券。另外，内地企业在香港发行以外币计价的绿色债券，还可以资助"一带一路"倡议项目的建设与发展①。

（三）发行制度显著有效

受益于较为国际化的制度安排，香港市场债券发行效率较高，发行费用处于低位。目前香港绿色债券和传统债券的上市条件与上市进程大体相同，但发行准备时间相对较短，发行效率较高。此外，香港发行上市费用为 7000 ~ 90000 港元，一次性付款时没有年费，目前是亚太地区发行费用最低的市场之一。

此外，香港品质保证局"绿色金融认证计划"提供绿色债券发行前认证以及发行后认证，与之相配合，香港特区政府推出"绿色债券资助计划"资助合格发行机构，每笔债券发行资助可覆盖认证费用，上限为 80 万港元，可在提供标准化认证评估流程的同时降低绿色债券额外成本，鼓励绿色债券市场扩容。

（四）品种形式创新多元

香港市场的绿色债券付息机制更为多元、产品品种更加多样，取得了多维度的创新。例如 2019 年 4 月，领展房地产投资信托基金（领展 REITs）发

---

① 《国家发展和改革委员会与香港特别行政区政府关于支持香港全面参加和助力"一带一路"建设的安排》。

行 40 亿港元有担保绿色可转换债券，成为全球房地产行业首只绿色可转换债券，并以 1.60％的年息率成为亚洲房地产信托债券中利率最低的债券。债券持有者可按照 109.39 港元的初步转换价转换为领展新基金。领展绿色可转债的发行为其他房地产行业融资人提供了借鉴，是绿色债券品种创新的典型案例。

第七章　境内非贴标绿色债券

与贴标绿色债券相对应，非贴标绿色债券指未经专门贴标但募集资金投向绿色产业的债券，由于存量规模远超贴标绿色债券，非贴标绿色债券的发行、募投情况对反映我国绿色融资整体需求、指示绿色产业潜在融资需要具有重要意义。中央财经大学绿色金融国际研究院绿色债券实验室自 2016 年起对非贴标绿色债券进行研究，以《绿色债券支持项目目录（2015 年版)》为依据，对 2009 年以来境内债券市场发行的所有债券进行研判。

本章针对 2019 年非贴标绿色债券市场进行分析总结，第一节将对非贴标绿色债券市场发展的总体情况进行介绍和分析；第二节对非贴标绿色债券的发行主体性质及行业分布予以介绍；第三节针对 2019 年非贴标绿色债券募集资金用途进行分析，旨在说明债券市场为各类绿色项目提供融资的情况；第四节将对非贴标绿色债券发行期限与评级情况进行专门分析，对非贴标绿色债券的地域发行特点进行分析说明。

第一节　市场概览

非贴标绿色债券作为绿色债券市场的重要组成部分，可有效反映中国绿色债券市场的总体投融资需求，是绿色债券市场生命力和潜力的重要体现。据绿色债券实验室统计，2009 年至 2019 年，我国债券市场上累计发行 2250 只非贴标绿色债券，发行总规模达 6.87 万亿元，用于绿色项目投资的金额达 4.44 万亿元。

2019 年共有 139 个发行主体发行了 494 只非贴标绿色债券，发行规模达 1.64 万亿元，较 2018 年的 1.62 万亿元同比增长 1.23%。从整体趋势来看，2019 年非贴标绿色债券发行总规模较 2018 年略有增长，发行总量基本呈现逐年增长的趋势（见图 7 – 1）。

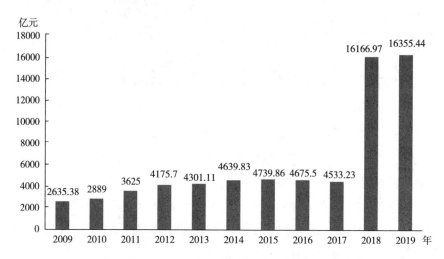

图 7 - 1 2009—2019 年境内非贴标绿色债券发行总规模

（资料来源：中央财经大学绿色金融国际研究院）

一、发行总量

2019 年非贴标绿色债券市场募集资金用于绿色产业的规模共计 5645.56 亿元，相比于贴标绿色债券市场，非贴标绿色债券发行规模是境内贴标绿色债券总规模 2438.63 亿元（不含境外发行绿色债券及境内绿色资产证券化）的 2.3 倍（见图 7 - 2）。

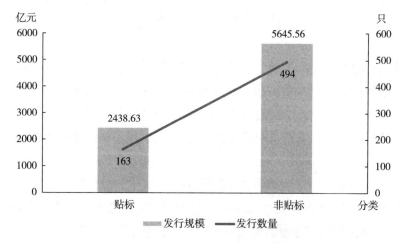

图 7 - 2 2019 年境内贴标与非贴标绿色债券发行情况对比

（资料来源：中央财经大学绿色金融国际研究院）

尽管发行总规模较 2019 年略有增长，但相比于 2018 年的 6843.02 亿元，2019 年非贴标绿色债券用于绿色产业规模下降 1197.46 亿元，同比下降 17.5%（见图 7 - 3）。

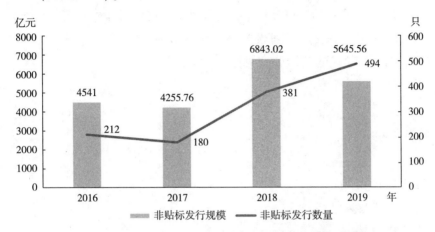

图 7 - 3　2016—2019 年境内非贴标绿色债券发行规模及发行数量

（资料来源：中央财经大学绿色金融国际研究院）

从绿色债券各月的发行情况来看，2019 年非贴标绿色债券发行规模及发行数量波动较大，总体呈现先升后降再升再降的趋势，其中，3 月达到全年发行规模和数量的峰值，发行了 68 只，共计 776.98 亿元（见图 7 - 4）。

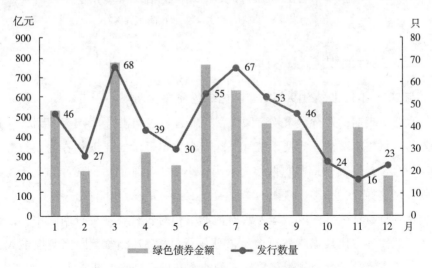

图 7 - 4　2019 年各月境内非贴标绿色债券发行情况

（资料来源：中央财经大学绿色金融国际研究院）

二、券种分布

从债券类型来看，2019 年非贴标绿色债券中政府支持机构债占比有所减少，中期票据、企业债、可转债、公司债和短期融资券小幅上升；地方政府债出现大幅增长，占 2019 年非贴标绿色债券市场的半壁江山，发行数量高达287 只，占发行总量的 58.1%（见图 7 - 5）。

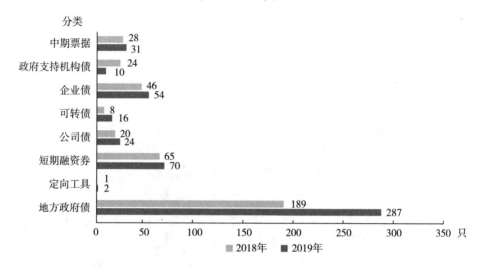

图 7 - 5　2018—2019 年境内非贴标绿色债券类型分布

（资料来源：中央财经大学绿色金融国际研究院）

三、发行期限

与 2018 年相比，2019 年的非贴标绿色债券在期限小于 1 年期、6～7 年期和大于 7 年期的发行数量均有增加，期限为 1～2 年期、3～4 年期和 5 年期的发行数量略有减少。为便于统计，除直观突出显示 5 年期债券的发行数量和发行金额外，其余期限每两年为一类，小于 1 年期的短期债券和大于 7 年期的长期债券各为一类。

从发行数量来看，由于地方政府债期限相对较长，各发行期限中，以大于 7 年期债券占比最高，发行数量占总发行量的 37.85%，同比增幅最大为136.71%；债券发行金额也最多，占总金额的 38.21%。期限为 1～2 年期、3～4 年期和 5 年期的债券发行数量虽略有减少，但下降幅度不大。从发行金额来看，除 1 ~ 2 年期、5 年期和 6 ~ 7 年期的债券呈下降趋势以外，其他期限的债券发行金额都呈上升趋势，其中，7 年期增幅最大为 23.18%，5 年期下降幅度最大为 59.29%（见图 7 - 6、图 7 - 7）。

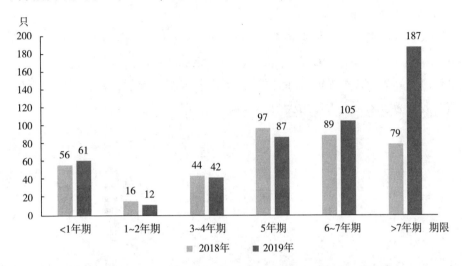

图 7 - 6　2018—2019 年境内非贴标绿色债券各期限发行数量

（资料来源：中央财经大学绿色金融国际研究院）

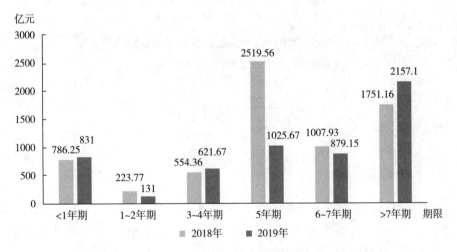

图 7 - 7　2018—2019 年境内非贴标绿色债券各期限发行规模

（资料来源：中央财经大学绿色金融国际研究院）

四、债券评级

2019 年非贴标绿色债券共发行 494 只，其中 430 只获得评级，占总数的 87.04%，数据高于 2018 年的 81.1%。

未获得评级的绿色债券主要以小于 1 年期的短期债券为主，发行数量为 64 只，远小于上年的 192 只；评级为 AA－级和 A－1 级的债券数量与上年持平；评级为 AA 级和 AA＋级的债券数量比上年有所增加；评级为 AAA 级的债券数量为 368 只，占比最大为 74.49%，数据高于 2018 年。

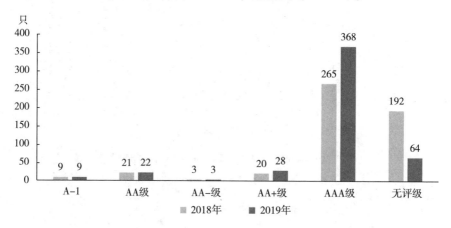

图 7－8　2018—2019 年境内非贴标绿色债券各评级发行数量

（资料来源：中央财经大学绿色金融国际研究院）

第二节　发行主体

一、主体性质

按照主体性质划分，非贴标绿色债券发行主体包括政府、国有企业、民营企业、中外合资企业四大类，其中，国有企业又分为中央国企和地方国企。从债券发行数量来看，2019 年政府和国有企业在非贴标绿色债券市场上占主导地位，发行数量分别占市场总量的 58.1% 和 39.5%。其中，政府发行的非贴标绿色债券从 2018 年的 189 只上升至 2019 年的 287 只，增长近 51.9%，募集资金用于绿色产业的金额达 2762.27 亿元，体现出政府在地方经济绿色转型中的重要作用。国有企业发行的非贴标绿色债券数量虽然略有提高，但发行规模从 2018 年的 3956.63 亿元降至 2019 年的 2748.39 亿元，降幅为 30.5%（见图 7-9）。

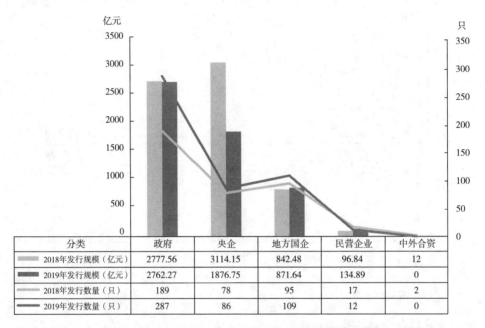

分类	政府	央企	地方国企	民营企业	中外合资
▨ 2018年发行规模（亿元）	2777.56	3114.15	842.48	96.84	12
▨ 2019年发行规模（亿元）	2762.27	1876.75	871.64	134.89	0
2018年发行数量（只）	189	78	95	17	2
2019年发行数量（只）	287	86	109	12	0

图 7-9　2018—2019 年境内各类型主体发行非贴标绿色债券数量及规模

（资料来源：中央财经大学绿色金融国际研究院）

从上市情况来看，2019 年非贴标绿色债券发行主体中上市企业共有 27 家，共计发行 72 只，占发行总量的 14.57%；发行金额共计 1116.96 亿元，占发行总额的 19.78%。其中，较为突出的企业是长江电力公司和华能水电公司，非贴标绿色债券发行数量和规模较高。长江电力在上市公司中发行非贴标绿色债券规模最大，共计发行 13 只，发行金额 320 亿元，占上市公司总发行额的 28.65%；华能水电发行数量最多，发行 22 只，发行金额总计 293 亿元，占上市公司总发行额的 26.23%。其他上市企业的非贴标绿色债券的发行量均不超过 5 只，发行金额均小于 100 亿元（见图 7-10）。

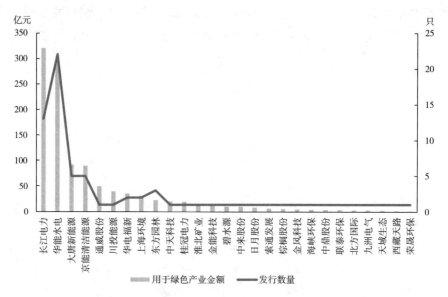

图7-10 2019年A股、H股上市公司非贴标绿色债券发行数量及发行规模

（资料来源：中央财经大学绿色金融国际研究院）

二、行业分布

以 Wind 金融数据库行业分类为标准，2019 年非贴标绿色债券发行主体可分为政府、公用事业Ⅱ、资本货物、运输、商业和专业服务、多元金融、能源Ⅱ、房地产Ⅱ、消费者服务Ⅱ、材料Ⅱ、食品饮料与烟草、技术硬件与设备、半导体与半导体生产设备、汽车与汽车零部件十四类，其中以政府、公用事业Ⅱ以及运输三类为重点。

具体来看，政府发行的非贴标绿色债券募集资金主要用于包括生态建设和环境保护、污染防治和处理、生态环境综合整治、节水改造工程、铁路设施建设、城市黑臭水整治、绿色项目建设方面，发行数量为 287 只，占比为58.1%；用于绿色产业项目的金额总计 2762.28 亿元，占比最高达 48.93%。公用事业Ⅱ类发行主体的募集资金主要用于水力发电、污染治理、供水改造、清洁能源和新能源，发行数量为 91 只，占比为 18.42%；用于绿色产业项目的金额总计 1234.8 亿元，占比为 21.87%。交通运输类发行主体的募集资金主要用于包括城市地铁和铁路建设、绿色项目、高速公路、城建轨道，发行数量为 29 只，占总数的 5.87%；用于绿色产业项目的金额总计 1055.78 亿元，占比为 18.7% （见图 7 - 11、图 7 - 12）。

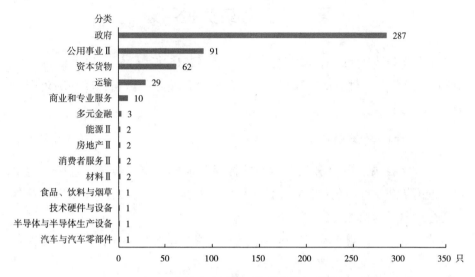

图 7 - 11　2019 年境内非贴标绿色债券发行数量行业分布

（资料来源：中央财经大学绿色金融国际研究院）

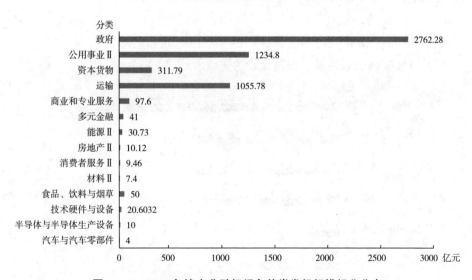

图 7 - 12　2019 年境内非贴标绿色债券发行规模行业分布

（资料来源：中央财经大学绿色金融国际研究院）

第三节 募集资金用途

本节将根据《绿色债券支持项目目录（2015 年版）》（以下简称《目录》）一级分类，对非贴标绿色债券募集资金用途进行分析，反映绿色产业融资需求分布。

一、发行数量分布

基于《目录》一级分类并对非贴标绿色债券募集资金投向进行分析发现，近两年非贴标绿色债券资金投向呈现出差异化分布，2019 年依旧存在募集资金投向不均衡的现象。

从债券发行数量来看，2019 年发行的非贴标绿色债券中，资金投向生态保护和适应气候变化领域最多，共计 97 只，主要用于生态环境综合整治。投资于清洁能源、资源节约与循环利用、污染防治和节能领域较 2018 年均有所增长。其中，资源节约与循环利用领域债券数量增长幅度最大，从 2018 年的 2 只增长为 18 只，募集资金主要用于城市供水改造。但是，用于清洁交通领域的非贴标绿色债券数量有所减少，由上一年数量占比最高的 91 只下降为 74 只，资金投向仍以地铁、铁路建设为主（见图 7 - 13）。

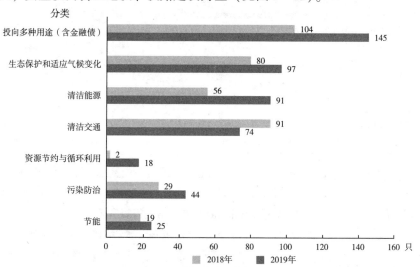

图 7 - 13 2018—2019 年境内非贴标绿色债券投向各分类数量
（资料来源：中央财经大学绿色金融国际研究院）

二、发行规模分布

从发行规模来看，投向清洁能源、污染防治、节能和资源节约与循环利用等领域的非贴标绿色债券较上年均有增加。

投向清洁交通领域募集资金仍居于首位，但规模从 2018 年的 3183.91 亿元下降至 1766.48 亿元，降幅达 44.52%。清洁交通领域具体投向包括铁路交通、城市轨道交通、城乡公路运输公共客运、水路交通、清洁燃油、新能源汽车和交通领域互联网应用七个方面，其中，在这些领域的 74 只非贴标绿色债券中，用于铁路设施的债券有 31 只，资金金额占比为 62.39%；用于城市轨道交通建设的债券有 30 只，资金金额占比为 27.12%。

相比之下，资源节约与循环利用领域绿色债券金额呈大幅增长，投向该领域非贴标绿色债券规模同比增长超 20 倍，但占市场总规模的 2.46%。投向污水处理等污染防治项目的资金也出现大幅增长，同比增幅达 125.47%，主要由政府发行。用于节能领域金额最少，占比仅为 1.9%，集中于管廊项目，金额为 84.2 亿元，占该类别比重的 78.67%。

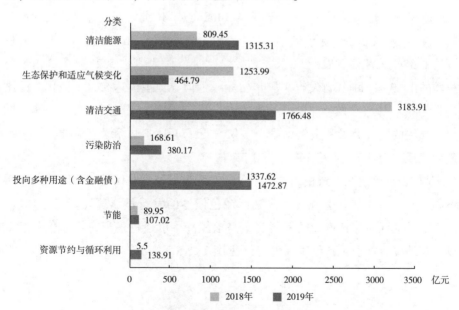

图 7-14 2018—2019 年境内非贴标绿色债券投向各分类数量

（资料来源：中央财经大学绿色金融国际研究院）

第四节　地区分布

一、地区分布情况分析

根据发行主体注册省份进行划分，2019 年境内 31 个省份及新疆生产建设兵团均参与了非贴标绿色债券的发行。北京的整体发行情况在国内仍独占鳌头，从发行数量来看，北京地区发行数量为 66 只，占全国发行总量的 13.36%。从发行规模来看，北京地区非贴标绿色债券发行总规模达 1626.18 亿元，占比为 28.8%，募集资金主要用于包括污染防治、节能、清洁交通和清洁能源等领域。广东省、云南省、四川省、山西省、江苏省 2019 年发行非贴标绿色债券数量在 30~50 只，其余地区发行数量均在 30 只以下。

试验区省份中，以广东省最为突出，其发行的 48 只非贴标绿色债券中，有 41 只获得 AAA 评级，用于绿色产业规模为 700.43 亿元，占全市场总额的 12.41%；广州地铁集团有限公司仍然是省内发行规模最大的企业，发行金额为 100 亿元，占广东省总发行金额的 14.28%。其次为新疆维吾尔自治区，共计发行 18 只非贴标绿色债券，投向绿色产业规模为 76.05 亿元，占市场总额的 1.35%。江西省发行 11 只非贴标绿色债券，规模为 75.25 亿元，占市场总额的 1.33%。浙江省发行 9 只非贴标绿色债券，规模达 55.02 亿元，占比为 0.97%。甘肃省发行非贴标绿色债券 7 只，规模为 52 亿元。贵州在非贴标绿色债券的发行数量和金额均最小，仅发行了 4 只非贴标绿色债券，用于绿色产业规模为 9.13 亿元，占比为 0.16%。

与 2018 年情况大致相同，由于各地对绿色融资的总体需求及侧重点有所不同，北京市和部分南方地区非贴标绿色债券的发行量显著高于其他地区，说明上述地区对绿色产业的发展资金需求较高，可通过逐步完善绿色金融市场为当地绿色产业可持续发展助力（见图 7-15、图 7-16）。

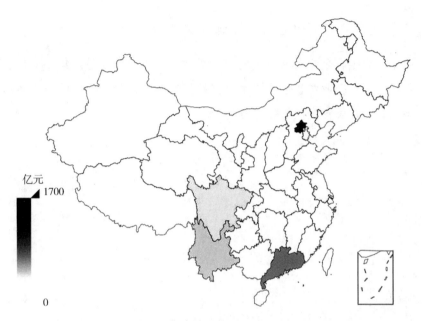

图 7 – 15 2019 年境内非贴标绿色债券发行规模热力分布

（资料来源：中央财经大学绿色金融国际研究院）

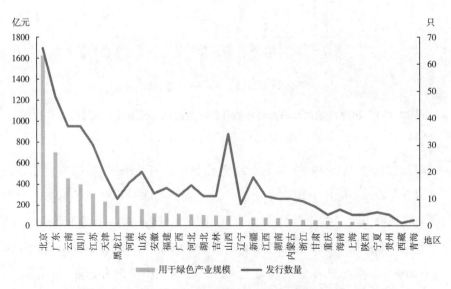

图 7 – 16 2019 年境内非贴标绿色债券发行数量及规模地区分布

（资料来源：中央财经大学绿色金融国际研究院）

二、地区分布情况分析（不含中央国有企业）

由于中央国有企业大多位于北京，考虑到头部效应及总部集中效应，此处剔除中央国有企业对非贴标绿色债券发行情况进行分析，以此识别各地区地方国有企业及民营企业的绿色融资诉求。

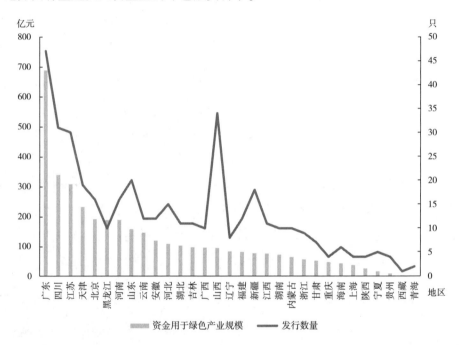

图 7-17 2019 年境内非贴标绿色债券发行数量及规模地区分布（除央企）

（资料来源：中央财经大学绿色金融国际研究院）

在 2019 年发行的 494 只非贴标绿色债券中，有 86 只债券的发行主体是中央国有企业。剔除中央国有企业后，北京发行的非贴标绿色债券数量及规模均大幅减少，发行数量由 66 只下降到 16 只，排名从第一位下降至第八位；用于绿色产业规模从 1626.18 亿元下降至 190.92 亿元，相比剔除央企前下降了 88.26%。从绿色债券金额投向上来看，在剔除中央国有企业之前，北京的非贴标绿色债券主要投向铁路建设、水力发电、风力发电及新能源四个板块。其中，中国铁路总公司共计发行 12 只债券，发行金额达 820.01 亿元。在剔除央企后，北京非贴标绿色债券募集资金用途集中在清洁能源方面，发行数量为 5 只，规模共计 90 亿元；其中，京能清洁能源电力为最主要的发行主体。

剔除央企后，广东省成为非贴标绿色债券发行数量及规模最大的地区，其 48 只非贴标绿色债券中的 47 只由非央企主体发行，募集资金用于绿色产业规模达 687.9 亿元。其他地区相比于剔除前变化较小。

第八章 境内扶贫债券

2015 年，习近平总书记在中央扶贫开发会议上提出："我们必须动员全党全国全社会力量，向贫困发起总攻，确保到 2020 年所有贫困地区和贫困人口一道迈入全面小康社会。"在全面建成小康社会进程中，精准脱贫是不可忽视的关键一环。2016 年 12 月，国务院印发的《"十三五"脱贫攻坚规划》明确提出我国精准扶贫工作的目标，到 2020 年要实现全部贫困县摘帽、贫困人口全部脱贫。截至 2019 年末，我国仍有 551 万农村贫困人口未脱贫、52 个贫困县未摘帽，2020 年作为脱贫攻坚的决胜之年，仍面临严峻挑战，需要社会各方力量支持。

扶贫债，作为金融市场服务国家脱贫攻坚事业的重要工具，对我国贫困地区的经济发展提供了强有力的金融支持。与此同时，将绿色发展理念贯穿到扶贫工作中是实现贫困地区可持续发展的前提，符合国家重点战略要求，将扶贫债与绿色债券相结合有利于精准脱贫工作的可持续发展。

绿色债券作为中国绿色金融市场的主要金融产品之一，已建立了较为完善的政策体系及各类产品发行框架，逐步形成了遍及全球的影响力。因此，绿色债券市场构建及发展方式对于扶贫债券市场具有重要启示和指引作用。

本章将对我国扶贫债市场进行深度分析，并结合绿色债券发展经验，对扶贫债市场未来发展方向提供相关建议，以期壮大扶贫债市场规模并推动其高质量发展，使扶贫债更好地为我国脱贫攻坚事业服务。本章主要内容安排如下：第一节对我国扶贫债市场发展的背景进行分析，对我国贫困现状并对近年来扶贫政策和扶贫债相关政策进行梳理；第二节对我国扶贫债市场的总体发行情况进行介绍；第三节探讨了扶贫债与绿色债券结合的必要性和可行性，并对扶贫债与绿色债券结合前景进行了展望和建议；同时两只绿色扶贫债作为典型案例进行具体分析，为扶贫债及绿色扶贫债市场发展提供实践参照。

第一节　发展背景

自提出到 2020 年贫困人口全部脱贫、全面建成小康社会的目标以来，在中央政府的统筹指导下，一系列扶贫政策喷薄而出，确保脱贫攻坚任务顺利完成。在社会各界不懈努力下，我国脱贫工作取得了重大进展：2019 年全年减少建档立卡贫困人口 1000 万人以上，340 个左右贫困县脱贫摘帽，为 2020 年实现全面脱贫目标打下坚实基础。

在此，本节将首先从贫困总人口、贫困发生率等不同角度探究我国贫困现状，总结我国当前的扶贫成果，同时对近几年的扶贫政策与扶贫债政策进行梳理，重点对 2019 年发布政策进行分析，以期为后文对扶贫债市场的分析奠定基础。

一、贫困人口现状分析

贫困人口问题是我国长期以来重点关注的问题。本书将从全国农村贫困总人口、东西中部三大区域贫困人口对比、各地贫困发生率以及全国贫困地区农村居民可支配收入情况等角度来对我国的贫困现状进行分析。

（一）全国农村贫困总人口情况

截至 2019 年底，我国连续 8 年减贫 1000 万人以上。2019 年末，农村贫困人口降至 551 万人，较 2010 年末减少 16016 万人，较 2018 年末减少 1109 万人；2019 年全国贫困发生率为 0.6%，较 2018 年下降 1.1 个百分点[1]。

---

[1]　资料来源：国家统计局。

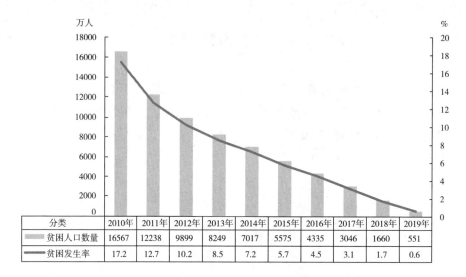

图 8 - 1　2010—2019 年中国贫困人口数量及贫困发生率

（资料来源：Wind 金融数据库）

（二）东部、西部、中部三大区域农村贫困人口情况

在农村贫困人口数量方面，2019 年末，西部地区农村贫困人口达 323 万人，较上年减少 593 万人；中部地区农村贫困人口达 181 万人，较上年减少 416 万人；东部地区农村贫困人口达 47 万人，较上年减少 100 万人。总体来看，在全国东部、西部、中部三大区域中，2019 年中部和西部地区贫困人口减少数量较高，均超过 400 万人；但从贫困人口减少比例来看，三大区域较为均衡，贫困人口同比下降比例均超过 64%。

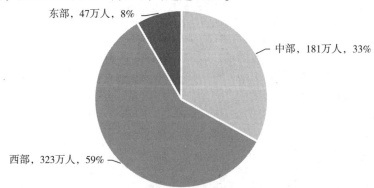

图 8 - 2　2019 年末中国东部、西部、中部三大区域贫困人口数据

（资料来源：Wind 金融数据库）

（三）全国各地贫困发生率情况

在贫困发生率方面，2019 年我国各地区贫困发生率普遍下降至 2.2% 及以下水平。其中，贫困发生率在 1%～2.2% 的省份有 7 个，包括广西、贵州、云南、西藏、甘肃、青海、新疆；在 0.5%～1% 的省份有 7 个，包括山西、吉林、河南、湖南、四川、陕西、宁夏。

二、扶贫与扶贫债政策概览

为确保 2020 年脱贫目标顺利实现，近年来国务院、国家扶贫办、各部委以及中央直属机构相继出台多方面扶贫政策，大力推进扶贫进程。本书将通过对近年来尤其是 2019 年各机构出台的具体扶贫政策进行总结，洞悉扶贫政策最新发展动态；此外，本书还整理了近年来的金融扶贫相关政策，探讨金融领域扶贫政策尤其是扶贫债的政策支持情况。

（一）扶贫政策概览

2012 年党的十八大首次提出全面建成小康社会，将扶贫工作纳入"五位一体"总体布局和"四个全面发展战略"。2014 年 1 月，中共中央办公厅详细规制了精准扶贫工作模式的顶层设计；同年 5 月，国家扶贫办印发了《建立精准扶贫工作机制实施方案》推动建立精准扶贫工作机制，标志着我国精准扶贫工作正式开始。2016 年 12 月，国务院印发了《"十三五"脱贫攻坚规划》明确提出了我国精准扶贫工作的目标，到 2020 年要实现全部贫困县摘帽、贫困人口全部脱贫，并且规定了各扶贫项目的内容，确保精准扶贫工作准确高效地进行。

实施精准扶贫以来，我国扶贫效果显著。2013 年至 2107 年累计减少贫困人口 6853 万人，但要在 2020 年实现全面脱贫，还有 3000 万左右的贫困人口需要脱贫，任务十分艰巨，因此党的十九大把精准脱贫作为决胜全面建成小康社会必须打好的三大攻坚战之一①。按照党的十九大关于打赢脱贫攻坚战的总体部署，完善精准脱贫顶层设计、贯彻落实精准扶贫工作中存在的问

---

① 中共中央，国务院．关于打赢脱贫攻坚战三年行动的指导意见［R］．2018.

题，2018 年 8 月，中共中央、国务院发布《中共中央　国务院关于打赢脱贫攻坚战三年行动的指导意见》。

截至 2019 年底，我国仍有 551 万农村贫困人口未脱贫、52 个贫困县未摘帽。2020 年作为脱贫攻坚最后一年，任务艰巨，需要继续加大力度推进扶贫工作，确保在年底完成脱贫目标，全面建成小康社会。为确保脱贫攻坚任务能够顺利完成，国务院、国家扶贫办、各部委以及中央直属机构在 2019 年相继出台多个扶贫政策文件，通过激发消费扶贫、推动科技扶贫以及规范小额扶贫信贷等多方面扶贫措施，助力决胜脱贫攻坚战。表 8 – 1 汇总了 2019 年出台的具体扶贫政策文件及其主要内容情况。

表 8 – 1　2019 年中国扶贫政策一览

发文机构/部门	文件名称	发布时间	政策主要内容
国务院	《国务院办公厅关于深入开展消费扶贫　助力打赢脱贫攻坚战的指导意见》	2019 年 1 月 14 日	激发全社会参与消费扶贫的积极性，着力拓宽贫困地区农产品销售渠道，着力提升贫困地区农产品供应水平和质量，着力推动贫困地区休闲农业和乡村旅游加快发展，推动贫困地区产品和服务融入全国大市场
最高人民检察院 国务院扶贫办	《最高人民检察院　国务院扶贫开发领导小组办公室关于检察机关国家司法救助工作支持脱贫攻坚的实施意见》	2019 年 3 月 13 日	加大司法过程中对贫困当事人的救助工作力度，依法开展对贫困当事人的国家司法救助工作，主动帮助其解决生活面临的急迫困难，改善生活环境
农业农村部	《农业农村部办公厅关于加强农业科技工作助力产业扶贫工作的指导意见》	2019 年 4 月 9 日	充分发挥农业科技创新对发展农业产业、打赢脱贫攻坚战的支撑引领作用，动员号召全国农业科技单位投身脱贫攻坚战，建立科技扶贫的长效机制，推动贫困地区形成农业特色产业发展优势，实现精准扶贫精准脱贫
银保监会 财政部 人民银行 国务院扶贫办	《中国银保监会　财政部　中国人民银行　国务院扶贫办关于进一步规范和完善扶贫小额信贷管理的通知》	2019 年 7 月 18 日	进一步规范小额信贷管理切实解决有关政策措施不具体、风险补偿机制不完善、集中还款压力较大等问题，促进扶贫小额信贷健康发展

发文机构/部门	文件名称	发布时间	政策主要内容
文化和旅游部 国务院扶贫办	《文化和旅游部 国务院扶贫办综合司关于推进非遗扶贫就业工作坊建设的通知》	2019 年 12 月 27 日	进一步扩大"非遗+扶贫"就业工坊建设范围，以传统工艺为重点，依托各类非遗项目，支持国家级贫困县设立一批特色鲜明、示范带动作用明显的非遗+扶贫就业工坊，帮助贫困人口学习传统技艺，提高内生动力，促进就业增收，巩固脱贫成果

资料来源：国家扶贫办官方网站。

（二）扶贫债券政策概览

我国尚未明确出台有关构建专门扶贫债券市场的政策文件，但在金融扶贫政策中有所体现。2016 年证监会发布了《中国证监会关于发挥资本市场作用服务国家脱贫攻坚战略的意见》，强调在扶贫工作中，要充分发挥资本市场作用，支持贫困地区企业多层次融资，鼓励上市公司履行社会责任服务国家脱贫攻坚战略。同年，证监会对扶贫债发行开通绿色通道，采用"即报即审"政策，对扶贫债券的发行、审核等环节予以大力支持和制度保障，并对其发行实行会费优惠政策。一系列政策便利简化了扶贫债券的发行程序，有效降低了扶贫债券的发行成本，有利于鼓励企业发行扶贫债券以支持贫困地区的发展。

沪深交易所也采取了一系列措施推动扶贫债券市场发展。2016 年，沪深交易所分别发布了《关于做好上市公司扶贫工作信息披露的通知》，对上市公司扶贫相关社会责任工作的信息披露要求进行全面细化，致力于提高扶贫债券以及企业扶贫的信息透明程度。为进一步推进扶贫债券的发展、完善扶贫债券市场机制，2018 年沪深交易所发布了《扶贫专项公司债券融资监管问答》《深圳证券交易所扶贫专项公司债券相关问题解答》，明确扶贫专项公司债券的认定范围以及申报发行支持措施，为扶贫债券开通审核绿色通道，切实推进资本市场服务好精准脱贫攻坚战的工作。

从银行间市场来看，交易商协会探索开展债务融资工具市场支持精准扶贫工作，研究建立扶贫票据工作机制，鼓励有扶贫资金需求的企业注册发行，募集资金用于精准扶贫项目建设运营。2019 年 6 月，交易商协会发布《非金融企业扶贫票据业务指引》及《非金融企业扶贫票据信息披露表》，通过专门政策指引鼓励符合条件的企业发行扶贫票据，进一步拓宽扶贫资金来源，强化市场约束机制。

第二节　市场概览

我国当前的扶贫债券，包括金融债券、公司债券、企业债券、债务融资工具、资产支持证券以及地方政府扶贫专项债等债券品种。自 2016 年 4 月中国农业发展银行首次发行扶贫专项债券以来，我国扶贫债券市场快速发展。

一、发行总量

2019 年共发行 44 只普通扶贫债券（不含资产支持证券），较 2018 年增加 7 只；发行总额 331.89 亿元，较 2018 年减少 1812.49 亿元。此外，2019 年发行扶贫资产支持证券 4 单，共计 59.3834 亿元。截至 2019 年末，我国累计发行普通扶贫债券 112 只，发行规模达 4259.65 亿元；累计发行扶贫资产支持证券 9 单，发行规模达 130.1 亿元。

值得注意的是，在扶贫债券发行只数持续上升的情况下，2019 年一般扶贫债券发行总规模出现大幅下降。原因主要在于相比 2018 年全年发行 12 只、1957.38 亿元扶贫金融债券（占市场总规模的 91.28%）的成绩，2019 年无扶贫金融债券的发行。目前，扶贫金融债券由中国农业发展银行和国家开发银行两家政策性银行发行，且募集资金完全用于易地扶贫搬迁，从我国扶贫事业的进展情况来看，2018 年我国易地扶贫搬迁项目存量的大幅消化可能是导致 2019 年无扶贫金融债发行的主要原因，从而出现市场总规模骤降的现象（见图 8 - 3、图 8 - 4、图 8 - 5）。

图 8 – 3 　 2016—2019 年境内普通扶贫债券发行数量及规模

（资料来源：Wind 金融数据库）

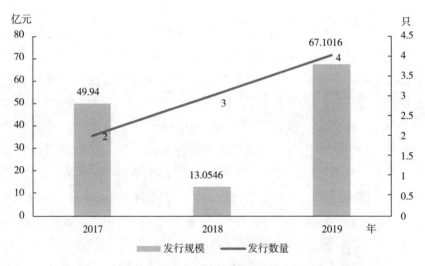

图 8 – 4 　 2017—2019 年扶贫资产支持证券发行数量及规模

（资料来源：Wind 金融数据库）

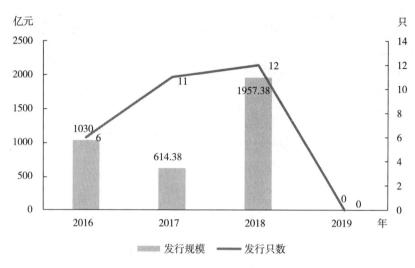

图 8 - 5　2016—2019 年扶贫金融债券发行数量及规模

（资料来源：Wind 金融数据库）

二、债券类型分布

按照券种分类，扶贫债券可分为金融债券、公司债券、企业债券、中期票据、短期融资券以及地方政府专项债券等类型。金融债券是扶贫债市场中最主要的品种，截至 2019 年末，扶贫金融债券累计发行 29 只，发行总额达 3601.76 亿元，占扶贫债市场总额的 84.56%；其中，2018 年发行扶贫金融债 1957.38 亿元，2019 年无扶贫金融债券发行。扶贫公司债券增长最为显著，发行数量由 2018 年的 7 只增长为 2019 年的 28 只，规模由 26.1 亿元增加至 189.6 亿元；截至 2019 年末累计发行 36 只，总额 218.7 亿元，占扶贫债市场总额的 5.13%。中期票据截至 2019 年末累计发行 27 只，共计 300.7 亿元，占扶贫债市场总额的 7.06%。短期融资券累计发行 12 只，共计 111.5 亿元，占扶贫债市场总额的 2.62%。企业债券累计发行 4 只，共计 20.00 亿元，占扶贫债市场总额的 0.47%。地方政府专项债累计发行 4 只，共计 6.99 亿元，占扶贫债市场总额的 0.16%（见图 8 - 6、图 8 - 7、图 8 - 8、图 8 - 9）。

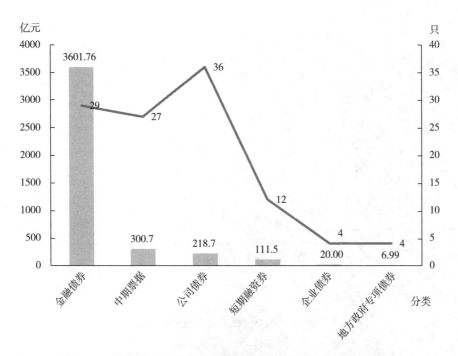

图 8 - 6　截至 2019 年末扶贫债券市场各类型债券发行数量及规模

（资料来源：Wind 金融数据库）

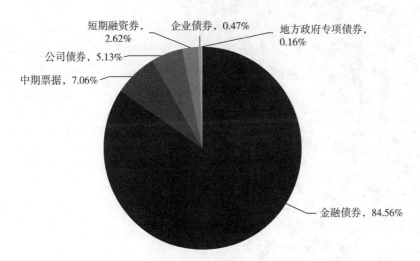

图 8 - 7　截至 2019 年末扶贫债券市场各类型债券发行规模占比

（资料来源：Wind 金融数据库）

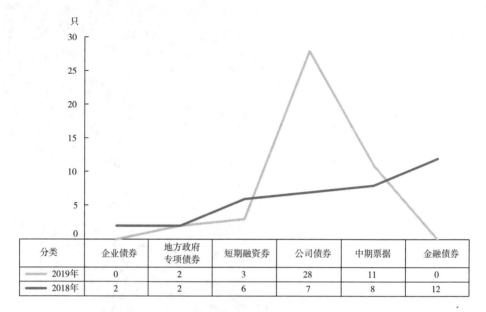

分类	企业债券	地方政府专项债券	短期融资券	公司债券	中期票据	金融债券
2019年	0	2	3	28	11	0
2018年	2	2	6	7	8	12

图 8 – 8　2018—2019 年各类型扶贫债发行数量

（资料来源：Wind 金融数据库）

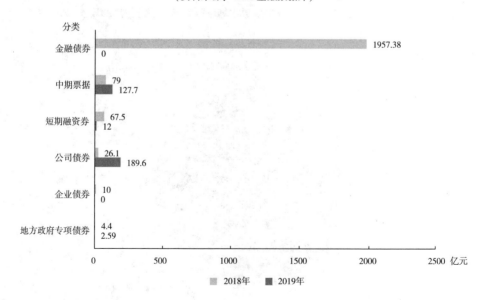

图 8 – 9　2018—2019 年各类型扶贫债发行金额分布情况

（资料来源：Wind 金融数据库）

三、发行主体类型

截至 2019 年末，共有 58 个发行主体发行过扶贫债券，包括 1 家公众企业[1]、2 家民营企业、1 家地方政府机构、5 家中央国有企业和 49 家地方国有企业。总体来看，无论发行数量或规模，国有企业都占据主导地位。截至2019 年末，国有企业共发行 105 只扶贫债券，金额为 4236.77 亿元，占据全部类型扶贫债的 99.46%；非国有企业共发行 7 只扶贫债券，金额为 22.99 亿元。在发行数量方面，地方国有企业占主导地位，共发行 73 只扶贫债券，是中央国有企业的两倍多（见表 8-2、图 8-10）。

表 8-2　截至 2019 年末扶贫债市场发行主体分布

发行主体类型	发行人数量	发行人名称	发行只数（只）	发行金额（亿元）
公众企业	1	平安国际融资租赁有限公司	1	5.00
地方政府	1	四川省人民政府	4	6.99
民营企业	2	红狮控股集团有限公司	1	3.00
		牧原食品股份有限公司	1	8.00
中央国有企业	5	大唐四川发电有限公司	1	0.50
		国家开发银行	9	1811.76
		龙源电力集团股份有限公司	1	5.00
		中国农业发展银行	20	1790.00
		中国长江三峡集团有限公司	1	30.00
地方国有企业	49	包含湖南省高速公路集团有限公司等 49 个地方公众企业	73	599.40

资料来源：Wind 金融数据库。

四川省是唯一发行地方政府扶贫专项债券的地区，在 2018 年和 2019 年共发行了 4 只扶贫专项债券，发行总额为 6.99 亿元。同时，2019 年，扶贫债券市场中第一次出现公众企业。平安国际融资租赁有限公司作为中国平安下属专门从事融资租赁业务的全资子公司，私募发行了 1 只规模为 5 亿元的扶贫公司债券，其中有不低于 50% 的募集资金投放于"精准扶贫项目"。

---

[1]　公众企业指向不特定对象公开发行股票，或者股东人数超过 200 人的股份有限公司。

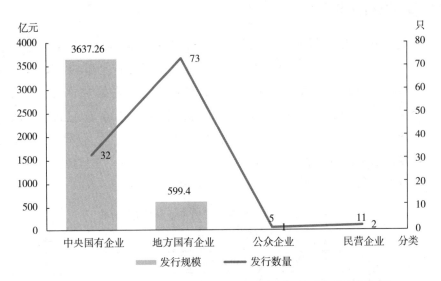

图 8 - 10 截至 2019 年末境内扶贫债券各类型主体发行数量及规模

（资料来源：Wind 金融数据库）

此外，城投平台作为较为特殊的发行主体，在扶贫债券发行方面表现较为突出。城投债曾被称为中国的"准市政债券"，以地方投融资平台作为发行主体，其主业多为地方基础设施建设或公益性项目。扶贫债券中的城投债部分不可忽视，一方面，扶贫债券支持的贫困地区大规模基础设施建设以及易地搬迁扶贫保障房建设等相关项目，适合城投企业参与投资建设；另一方面，国家的政策支持以及贫困县自身经济的增长也为城投债券发行企业提供了良好的发展支持。截至 2019 年末，市场上发行的 112 只扶贫债中共有 46 只属于扶贫城投债券，发行总额共计 457.3 亿元。2016 年以来，扶贫城投债券发行只数逐年增长：2016 年发行 1 只，金额达 5 亿元；2017 年共发行 8 只，金额达 97 亿元；2018 年共发行 16 只，金额达 125 亿元；2019 年共发行 21 只，金额达 230.3 亿元（见图 8 - 11）。

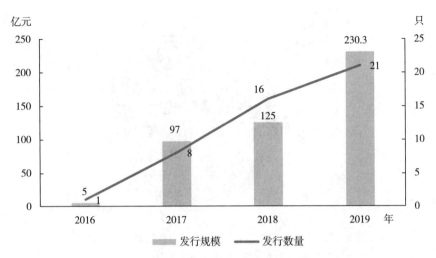

图 8 – 11　2016—2019 年扶贫城投债券发行数量及规模

（资料来源：Wind 金融数据库）

四、募集资金用途

由于私募债券信息披露较为有限，本书对 2016 年至 2019 年债券市场中所有公募发行的扶贫债与扶贫资产支持证券的金额按照募集资金用途进行统计，将其分为七大类，分别包括"易地搬迁""扶贫项目"[①]"扶贫专项贷款""偿还一般借款""偿还金融机构借款""补充营运资金"以及"未披露"[②]。本书按照金额占比由高到低对各类用途名称及其对应发行总金额进行排序。

[①]　募集资金用途中的"扶贫项目"包括直接用于扶贫项目的资金，以及偿还具体扶贫项目借款的资金。

[②]　由于私募债券募集说明书等材料难以获取，本书在此对扶贫债募集资金用途的分析仅限于公募扶贫债券。

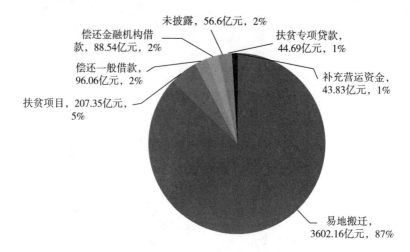

图 8 – 12　2016—2019 年公募扶贫债券募集资金投向分布

（资料来源：Wind 金融数据库）

由图 8 – 12 可见，易地搬迁是扶贫债资金的主要投向，共计 3602.16 亿元，占所有扶贫债资金的 87.02%，其次是用于扶贫项目的资金，共计 207.35 亿元，占比为 5.10%。其他类型募集资金用途的发行金额均低于 100 亿元。

据统计，在债券发行规模实际用于扶贫领域的资金中，部分资金用于偿还借款等不对应具体项目的用途，其他投向具体项目的资金主要可分为"易地搬迁"和"扶贫项目"两大类，共计 3809.51 亿元。其中用于"易地搬迁"的金额为 3602.16 亿元，占据该部分的 94.56%；"扶贫项目"部分金额相对较少，为 207.35 亿元。对各类"扶贫项目"的资金按照项目类别进行进一步分析发现，目前扶贫债券应用领域仍比较局限。207.35 亿元中，交通扶贫类项目达 162.84 亿元，占比为 78.53%；水电站、物流、风电、光伏、旅游等类型发行规模较低，多元化程度不足。未来，扶贫债券的发行应当更注重结合贫困地区产业、资源优势，满足多元融资需求，提升扶贫效益（见图 8 – 13）。

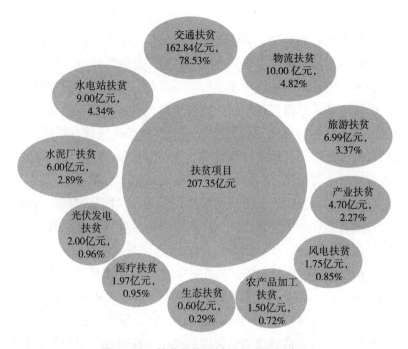

图 8 – 13 扶贫具体项目汇总及资金统计

(资料来源：Wind 金融数据库)

五、展望与建议

目前，我国扶贫债券的市场政策体系尚未健全，而绿色债券市场已形成包括分类标准、发行规范、信息披露规则较为完善的政策体系，充分借鉴绿色债券市场的政策体系和市场机制有助于扶贫债券市场高质量发展。因此，本书提出以下建议。

第一，加强扶贫债券政策激励，引导资本流入扶贫领域。建议加强专门针对扶贫债券的财政激励政策，通过贴息、补贴、奖励等方式，积极引导中介机构、担保公司、投资者参与扶贫债券发行。同时，对于同等情况下的债券申报或债券发行，可探索降低贫困地区绿色债券的申报和发行条件要求，鼓励符合条件的发行人通过债券市场满足扶贫项目融资需求。

第二，鼓励发行扶贫专项债券，减轻地方财政偿付压力。区别于一般政府债券，地方政府专项债券由专项基金或项目收益偿还，地方财政偿付压力较低。由于专项债券发行期限较长，可有效适配扶贫项目长周期运营的需要。

此外，专项债券由省级地方政府和计划单列市直接举借，不增加隐性债务，可在不扩大风险敞口的前提下更好地满足地方扶贫事业发展需要。

第三，借鉴绿色债券市场政策体系，推动扶贫债券市场高质量发展。目前，绿色债券已经具备发展较为完善的市场机制，但扶贫债券市场机制在信息披露、政策监管等方面仍有不足。扶贫债券可借鉴绿色债券经验，搭建起符合自身发展特点的、更为完善的市场机制，推动扶贫债券高质量的发展。一是明确扶贫债券定义及相关政策指引，统一扶贫债券的界定标准；构建扶贫债券支持项目分类标准；二是建立评估认证机制，可推行专门针对扶贫债券的评估认证机制，披露项目的扶贫效果；三是加强信息披露，可以要求发行人除发行前募集资金用途披露外，定期公开资金使用情况，并可要求其披露项目最后收益情况。

第四，构建地方扶贫项目库，关注扶贫项目对生态环境影响。国务院扶贫办已先后发布了《关于完善县级脱贫攻坚项目库建设的指导意见》与《关于进一步做好县级脱贫攻坚项目库建设的通知》，督促扶贫项目库的建设与管理。未来建议进一步精准谋划、合理选择，加强对项目科学性、合规性及可行性的论证，注重经济效益的同时加强对生态环境影响的关注，保障扶贫项目的可持续发展。

第五，完善扶贫资产管理机制，提升扶贫资产运营效率。明确产权归属是加强资产管理的前提，可以将各级财政专项扶贫资金、各类涉农资金、社会各界帮扶资金用于产业扶贫发展形成的经营性资产界定义为扶贫资产，划归其资产所有权为贫困村集体。同时下放资产经营权，让扶贫资产参与市场化竞争，是提高产业项目质效、拓宽增收脱贫渠道的有效举措。如临沂所采用的以"四权分置：所有权归村集体、经营权归承包户、收益权归贫困户、监管权归镇政府"为核心的扶贫资金资产管理长效机制。此外，为了让收益分配足额及时到位，各地应制定一系列标准规范，保障扶贫资产发挥实际减贫增收作用。政府也应做好监管工作，确保扶贫资产运营的过程公正透明。

第三节 案例分析

近几年扶贫债券市场发展迅速，发行主体与债券品种不断创新。本节选取两只较为典型的扶贫债券及绿色扶贫债券进行具体分析，为未来扶贫债券与绿色扶贫债券发展提供参考，包括地方政府扶贫专项债券"四川省宣汉县旅游扶贫开发建设专项债券"及首只绿色扶贫资产支持证券"华创—安顺汽运客运收费收益权绿色扶贫资产支持专项计划"。

一、2018 年四川省宣汉县巴山大峡谷旅游扶贫开发建设专项债券（一期）—2018 年四川省政府专项债券（十六期）

四川省宣汉县是国家贫困县，2017 年 6 月 1 日，宣汉县人民政府发布《宣汉县经济和社会发展第十三个五年规划纲要》，其提到要大力实施"兴工强县、开发扶贫、全域旅游"三大战略，大力发展现代旅游业，依托优势旅游资源和良好的生态环境，大力发展巴山大峡谷综合开发区，建成国际旅游扶贫试验区。在此背景下，四川省人民政府 2018 年公开发行地方政府债券支持本项目的旅游基础设施建设和景区开发，以带动当地经济发展，助力当地脱贫工作。

（一）债券基本信息

该债券为地方政府专项债券，期限为 10 年，票面利率为 4.05%。该债券采用单利按年计息，半年付息一次，到期一次还本付息。债券具体情况见表 8 - 3。

表 8 - 3　2018 年四川省宣汉县巴山大峡谷旅游扶贫开发
建设专项债券（一期）基本信息

债券全称	2018 年四川省宣汉县巴山大峡谷旅游扶贫开发建设专项债券（一期）—2018 年四川省政府专项债券（十六期）
发行人	四川省人民政府
发行规模（亿元）	4
票面金额（元）	100
发行时间	2018 年 9 月 20 日

续表

发行方式	公开发行
上市场所	上海证券交易所、深圳证券交易所、银行间债券交易市场
评级机构	中债资信评估有限责任公司
主体评级	AAA级
债项评级	AAA级
期限（年）	10
票面利率（%）	4.05

资料来源：《2018年四川省宣汉县巴山大峡谷旅游扶贫开发建设专项债券（一期）募集资金说明书》。

本债券主要资金投向为四川省宣汉县巴山大峡谷综合开发区旅游基础设施建设和景区开发，巴山大峡谷景区总体规划面积575.1平方公里，核心区面积298.3平方公里。项目内容包括通过游客接待设施、旅游景点、大放小镇、农林产业带等旅游基础设施建设打造三个功能片区，分别是溪口湖生态旅游观光区、桃溪谷体验度假区、罗盘顶养生养心区，同时完成全长71.688公里的景区内环线公路工程建设。

项目总投资为43.71亿元，本项目计划发行专项债券融资16亿元，占总投资额的36.60%。其中2018年计划发行专项债券10亿元，本批次发行4亿元。本次资金募集用途如表8-4所示。

表8-4　2018年四川省宣汉县巴山大峡谷旅游扶贫开发
建设专项债券（一期）募集资金用途

项目名称	总募集资金（亿元）	本期募集资金（亿元）	募集资金用途
宣汉县巴山大峡谷乡村振兴项目	16	4	旅游基础设施建设及景区开发

资料来源：《2018年四川省宣汉县巴山大峡谷旅游扶贫开发建设专项债券（一期）募集资金说明书》。

（二）发行人基本情况

四川省在精准扶贫工作方面成效显著，通过易地搬迁扶贫、交通扶贫、产业扶贫、教育扶贫、金融扶贫、消费扶贫等项目深入推进扶贫工作。四川省贫困率从2013年的9.6%下降至2019年的0.3%。在进行扶贫工作中，四川省人民政府不仅通过自身财政收入支持扶贫工作，同时积极采取资本市场融资手段支持扶贫工作，通过发行扶贫债券支持扶贫项目的建设。

（三）扶贫效果

1. 促进当地旅游业发展，带动当地经济发展

四川省宣汉县是一个国家级贫困县，项目地片区综合开发为宣汉县开发扶贫战略的主战场，项目地景区开发通过四大片区建设，实现旅游扶贫综合开发，项目建成后可以带动当地旅游发展，增加旅游收入，从而带动片区经济发展。预计可为当地居民带来年均6亿元以上的总收入，提高了当地居民收入。

2. 实现多维社会效益，扶贫效果显著

该债券助力达州市、宣汉县呈现精品旅游区，形成达州市和宣汉县的核心品牌，提升旅游竞争力；同时依托农业产业，引入避暑养生产业，拓展大化产业，延伸产业内涵，实现产业转型提升发展。此外，该项目有助于保护巴山大峡谷景区整体景观完整性与生态环境，提升巴山大峡谷片区整体居住环境。巴山大峡谷景区将景区开发的土地、林地等资源折价入股，景区建成后将门票收入的10%对当地居民分红，上市后按持股分红。巴山大峡谷旅游项目的建成将直接带动当地102个贫困村的退出以及9万多名贫困人口的脱贫①。

3. 树立国家旅游扶贫综合开发和乡村振兴战略的典范

达州市、宣汉县通过实施"全域旅游"战略，依托优势旅游资源和良好的生态环境，按照"旅游+"的发展模式，大力发展巴山大峡谷综合开发区，推动"旅游+美丽乡村""旅游+重点城镇"，开展"旅游+扶贫"建设，推进旅游精准扶贫。通过建设国际旅游扶贫试验区，有助于树立国家旅游扶贫综合开发和乡村振兴战略的典范。

二、华创—安顺汽运客运收费收益权绿色扶贫资产支持专项计划

2017年国务院印发的《"十三五"现代综合交通运输体系发展规划》中提出"推动城乡客运服务一体化，推动城市公共交通线路向城市周边延伸，

---

① 罗轩. 巴山大峡谷开门迎客，将带动9万多贫困群众脱贫 ［N］. 华西都市报，2018－08－29.

推进有条件的地区实施农村客运班线公交化改造。"贵州省安顺汽车运输公司跟随政策脚步，推动绿色客运产业发展，惠及贫困地区，助力贫困地区发展。

（一）债券基本信息

该资产支持专项计划包含6只优先级品种，期限从1年至6年多不等，发行规模总和为1.23亿元。该绿色扶贫资产支持专项计划具体情况如表8－5所示。

表8－5　华创—安顺汽运绿色扶贫资产支持专项计划优先级资产支持债券基本信息

债券全称	华创—安顺汽运客运收费收益权绿色扶贫资产支持专项计划优先级资产支持证券					
债券简称	G安运01	G安运02	G安运03	G安运04	G安运05	G安运06
发行人	贵州省安顺汽车运输公司					
发行规模（亿元）	0.2050	0.2000	0.1950	0.2000	0.2100	0.2200
发行时间	2019年8月2日					
发行方式	私募					
评级机构	联合赤道环境评价有限公司					
债项评级	AA级	AA级	AA级	AA级	AA级	AA级
期限（年）	1	2	3	4	5	6
票面利率（%）	4.20	4.50	4.80	5.10	5.50	5.90

资料来源：《华创—安顺汽运客运收费收益权绿色扶贫资产支持专项计划——绿色认证机构认证报告》。

（二）发行人基本情况

贵州省安顺汽车运输公司成立于1957年，下属27个分子公司，主要经营业务包括客运、公交、租赁、物业、驾校等方面。公司位于贵州省安顺市，安顺市内包含6个连片特困区①。早在2016年，安顺市就已经开始走上绿色扶贫道路，利用当地生态环境特色开展金刺梨产业扶贫、旅游扶贫等项目。

---

① 朱晓慧，陈康清.安顺：将金刺梨培育成"摇钱树"［N］.人民网，2016－09－23.

（三）绿色扶贫效果

华创—安顺汽运客运收费收益权绿色扶贫资产支持专项计划以公共客运项目为基础资产项目，在节能减排的同时惠及贫困县区，为贵州省带来了良好的环境效益与社会效益。

1. 环境效益明显

本次绿色资产支持专项计划基础资产设计项目为公共客运项目，对照《绿色债券支持项目目录（2015 年版）》，基础资产所属类别为"4. 清洁交通—4.3 城乡公路运输公共客运"类。通过选取 2018 年安顺汽运整年客运运营数据，对比不同交通方式产生总耗能量、大气污染物排放量以及温室气体 CO_2 排放量，绿色债券认证机构联合赤道环境评价有限公司计算得出的本次华创—安顺汽运客运收费收益权绿色扶贫资产支持专项计划基础资产涉及项目产生的环境效益如表 8 – 6 所示。

表 8 – 6　基础资产涉及项目产生的环境效益

节约标煤量	大气污染物减排量（吨/年）			CO_2 减排量
（吨标准煤/年）	HC	CO	NO_x	（吨/年）
14521.17	27.64	636.86	12.33	21333.10

资料来源：《华创—安顺汽运客运收费收益权绿色扶贫资产支持专项计划——绿色认证机构认证报告》。

该公共客运项目作为"清洁交通"[①] 绿色项目，响应了国家关于节能减排的号召[②]，节约了标准煤等能源资源，减少了大气污染物和温室气体排放，对提高当地环境质量有显著作用。

2. 扶贫效果显著

安顺市内包含 6 个连片特困区：西秀区、平坝县、普定县、镇宁县、关岭县、紫云县。安顺汽运开设的涉及贫困地区的客运线路及历史客运量如表 8 – 7 所示。

---

① 中国金融学会绿色金融专业委员会. 绿色债券支持项目目录 [R] . 2015.
② 中共中央，国务院. 关于印发"十三五"节能减排综合工作方案的通知 [R] . 2016.

表 8 - 7　安顺汽运直接涉及贫困区县历史客运线路量统计

单位：万人次

线路	2016 年	2017 年	2018 年
安顺—关岭	21.91	18.16	18.46
关岭—贵阳	5.52	3.01	4.35
平坝—贵阳	—	—	1.31
普定—贵阳	5.84	3.41	5.08
安顺—紫云	3.86	1.63	—

资料来源：《华创—安顺汽运客运收费收益权绿色扶贫资产支持专项计划——绿色认证机构认证报告》。

　　截至 2018 年 12 月，本期绿色资产支持专项计划基础资产涉及的安顺汽运旗下的 40 条公路客运线路的运营项目，改善了贵州省安顺市交通运输条件，解决了部分就业问题，推动了当地旅游客运等特色扶贫产业，促进了当地经济发展。安顺汽运旗下公路客运的运营也使周边地区居民的出行更加方便。

第九章 创新社会责任债券

在全球绿色债券市场保持高速发展的同时，对于债券支持可持续发展的探索也在不断演进，与此相关的标准也在逐步构建及完善之中。2015 年，联合国发布 17 个可持续发展目标（Sustainable Development Goals，SDG）。2017 年，国际资本市场协会首次发布《社会债券原则》及《可持续发展债券指引》。此外，欧盟也在不断探索可持续金融及债券的标准，于 2019 年发布《欧盟可持续金融分类方案》。在此背景下，社会影响力债券、蓝色债券、可持续发展债券等创新型社会责任债券品种应运而生。目前，我国紧随国际动态，发挥债券市场创新能动，已经完成了社会效应债券、可持续发展债券的发行实践，并逐步探索发行蓝色债券，债券市场对于我国经济高质量发展的支持能力进一步提升。

本章对上述创新债券品种进行专门分析并提出发展建议：第一节聚焦社会影响力债券；第二节主要介绍蓝色债券；第三节将对可持续发展债券进行分析。

第一节 社会影响力债券及社会效应债券[①]

近年来，关于如何通过债券市场推动解决社会难题的探索在全球范围内不断深化，社会债券、社会效应债券、社会影响力债券等产品创新相继推出。其中，社会影响力债券（Social Impact Bond，SIB）产品设计较为复杂，有助于满足难以标准化、不易获得资金支持的社会项目的融资需求。社会影响力债券于 2010 年起源于英国，其本质是基于未来社会效应的多方合约，集公共服务功能、公益项目融资、责任投资收益于一体，强调社会公益项目与资本

---

① 刘元博，云祉婷. 社会影响力债券国际概览及在我国的发展建议［EB/OL］.（2019 – 10 – 17）. http：//iigf. cufe. edu. cn/article/content. html？id = 1708.

投资回报之间的协同关系。历经数年发展，社会影响力债券逐步形成了无固定支付模式但具备一致性支付逻辑的多样化、多元化发展趋势。本节将总结社会影响力债券的运作模式及显著特点，回顾其发展历程。

尽管我国尚未发行真正的社会影响力债券，但已探索发行了注重解决社会问题的社会效应债券。在我国自上而下的市场发展模式下，社会影响力债券及社会效应债券有望成为责任投资的创新增长点，以其公益性、功能性和正外部性，为我国实施一系列公益性较强的国家战略提供有力支持。

一、社会影响力债券发展概览及国际实践

英国是最早发行社会影响力债券的国家，在解决社会问题方面取得了实质性进展，同时实现了较为可观的经济回报。历经数年发展，社会影响力债券在社会责任投资的浪潮下逐渐焕发活力，成为社会责任投资领域的又一创新增长点。

（一）国际首只社会影响力债券

早在 2010 年，英国彼得伯勒市为解决该城市短期服刑罪犯出狱后再犯罪率居高不下的问题，由一家非营利组织社会金融公司（Social Finance Ltd.）设计发行了全球首只社会影响力债券。该债券由英国司法部及大乐透基金支持，由 17 名投资者完成初始注资，总规模达 500 万英镑。从项目运行程序来看，投资者将资金先行支付给该社会影响力债券下设的管理机构，即英国社会金融公司，由其拨付给若干为劳改人员提供服务的机构，服务机构为刑期一年以下、已刑满释放的人员提供健康、职业培训、药物成瘾戒断等综合服务，并聘请独立第三方评估机构，对接受服务的罪犯再次入狱情况进行统计监测，定期披露监测结果。

英国司法部设立社会效应目标，在目标达成后由大乐透基金向投资者偿付本金及超额回报。2017 年 7 月，该市服刑人员的再犯罪率下降至 9%，超过债券发行时英国政府设定的 7.5% 的目标。由此，投资者不仅收回了本金，也在投资期内获得了超过年化收益率 3% 的投资回报。

（二）运作模式

在社会影响力债券的运作过程中，为协同项目融资、社会服务和投资收

益三个基本要素，需调动六个关键参与主体，其运作模式如图 9 – 1 所示。

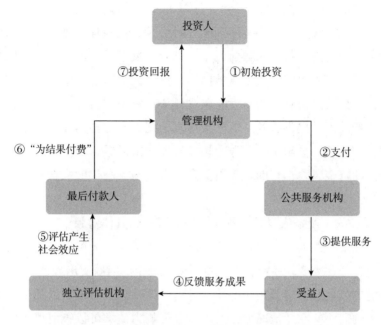

图 9 – 1　社会影响力债券运作模式

(资料来源：根据公开资料整理)

(三) 参与主体

1. 最后付款人，又称结果型投资者 (Outcome Funders)。多为政府、基金会或其他公共投资者，一般是社会影响力债券的最终负责人，只在项目产生社会效益满足一定条件时偿付项目本金及收益，如项目社会效益未达到合约规定的条件则不付费。从风险归属来看，社会影响力债券的运行机制相当于将社会项目风险由政府等公共部门转移给投资者，可使财政支出更加有效，避免出现花费大量财政预算但社会效益不佳的问题。

2. 投资人。投资者为项目提供初始资金，同时承担一定风险，其能否收回投资本金并取得超额回报与项目运营成效高度相关。如项目未达到预期成果，则投资本金可能面临较大损失；若取得预期成果，则将收回本金并取得超额回报。部分社会影响力债券设置了弹性偿付机制，即产生结果越好，投资者获得回报越高。由于社会影响力债券属于新兴投资品种，且投资人实际上承担了社会项目运营的主要风险，目前社会影响力债券多由专业责任投资机构或高净值人士注资。

3. 公共服务机构。公共服务机构是社会项目的具体实施者，在为受益人提供服务的同时进行数据采集、测量、学习与反馈等。服务机构可以是社会企业、非政府组织、公共或私营部门等，一个社会影响力债券可能涉及多家服务机构，如彼得格勒市项目就有包含健康、家务、就业等多个公共服务部门为刑满释放人员提供服务。由于服务机构既不参与初始投资也不享受超额资金回报，因此社会影响力债券在拓宽其资金来源渠道的同时，并未增加其实际承担的资金风险，有助于吸引更多具有创新、高效的社会服务机构参与其中。

4. 受益人。受益人是社会影响力债券服务的具体对象，多为社会中的弱势群体，例如劳改人员、单亲母亲、流浪者等。受益人可能产生较为严重的社会问题，往往需要较多的社会支持，由此产生的财政支出或社会成本较大。由于政府的公共服务资源相对稀缺，可提供的社会支持不足以满足各类型潜在受益人的需要。在此情况下，由于社会影响力债券可以吸引更多的非政府服务机构参与其中，能有效丰富社会项目总供给，更好地解决社会问题。

5. 管理机构。从已有实践经验来看，管理机构作为社会影响力债券的发起人，需要统筹协调政府等公共部门、社会服务提供方、投资人等各方参与者，设计社会影响力债券的偿付合约以及相关的风险补偿机制等。

6. 独立评估机构。独立评估机构存在双重作用，一方面需要对服务项目执行效果进行跟踪及量化评估，度量社会影响力债券产生的社会效应；另一方面需要着力化解服务机构在选择受益人时存在的隐性风险，即由于债券偿付与成果挂钩，服务机构可能选择最容易达成预期社会效应的受益人提供服务，即进行择优挑选（Cherry Picking），如选择较不容易再次犯罪的刑满释放人员进行职业培训等。

（四）债券特征

因其为成果支付的特性，社会影响力债券模型本质上是一种多赢投资：服务提供方可以获得初始营运资本启动服务；政府等最后投资者在项目达到预设效果后支付，转移投资风险；投资人可在获得社会影响的同时获得经济回报；第三方审核加强了各方的透明度；而最终，各方的共同努力都是为了社会影响力债券的参与者能切实受益，改善社会服务，解决社会问题。社会影响力债券共有以下四个显著特点：

第一，社会影响力债券本质是"为结果付费"（payment for success，PFS）。即政府根据公共服务提供者所实现的社会效益，而不是其投入或产出来支付费用。当产品开发完毕后，由社会投资者向项目提供资金；由第三方评估机构跟踪评估项目产生的社会效益，并以此为依据支付投资者本金和收益。若项目产生的社会效益没有达到项目成立时的预期，投资者不仅无法获得收益，也无法获得投资本金。

第二，社会影响力债券可以将资助社会项目的风险从政府转移给投资者。基于其运作模式，只有当提供的公共服务取得一定的社会效益时，投资者才可以从政府获得投资收益，否则投资者无法获得收益。

第三，社会影响力债券可以减少政府支出，减轻财政压力。在一般情况下，政府部门是通过政府购买的方式提供公共服务。而通过社会影响力债券，政府可以在短期内节省开支，节省的这部分钱足以覆盖该项目成本和投资者的合理收益。

第四，社会影响力债券可以拓宽可提供公共服务的非政府组织的融资来源。非政府组织提供社会服务，同时其经营又不以营利为目的，财务状况比较捉襟见肘。通过社会影响力债券，非政府组织可以在提供社会服务的同时获得资金来源。此外，其提供的服务质量直接反映了社会影响力债券的收益情况。而债券的收益变动会影响该组织的声誉，进而影响其接受再投资的可能。

二、社会效应债券国内实践

目前，我国目前尚未发行社会影响力债券，但在债券市场支持社会项目方面也探索发行了社会效应债券。绿色效益债券在我国刚刚兴起，其未来仍有广阔空间以待市场发掘，以下将以国内首单社会效应债券为例进行具体分析。

2018年10月，北京市基础设施投资有限公司发行了中国首只社会效益债券，发行总额为50亿元，其中第一期总额30亿元，第二期总额20亿元，均采用固定利率和浮动利率混合的模式计息。其中，浮动利率的定价机制依照第三方评估机构中债资信出具的《第三方评估报告》中给出的社会效益评估结果等因素综合确定，包括节约出行时间、节约土地资源、减排二氧化碳、减排交通源大气污染物、增加就业岗位等，由此形成最终得分作为确定社会效应的判断依据。该债券全部资金将用于北京轨道交通 3 号线和 12 号线的建设。债券详细信息及浮动利率定价机制见表 9 – 1 和表 9 – 2。

表 9 – 1　北京市基础设施投资有限公司 2018 年度第一期
中期票据（社会效应债券）基本信息

	第一期		第二期	
	品种一	品种二	品种一	品种二
发行规模（亿元）	10	10	15	15
发行期限（年）	10	10	10	10
票面利率	在本期中期票据存续期的第 1 年至第 3 年，固定利率是发行过程中通过簿记建档、集中配售结果确定的，品种一和品种二的利率在 2022 年 9 月前分别保持不变		在本期中期票据存续期的第 1 年至第 4 年，固定利率是发行过程中通过簿记建档、集中配售结果确定的，品种一和品种二的利率在 2022 年 12 月前分别保持不变	
利率变动幅度	［–5BP，5BP］	［–5BP，5BP］	［–5BP，5BP］	［–5BP，5BP］

资料来源：《北京市基础设施投资有限公司 2018 年度第一期中期票据（社会效应债券）募集说明书》。

表 9 – 2　北京市基础设施投资有限公司 2018 年度第一期中期票据
（社会效应债券）浮动利率定价机制

社会效益评估结果	对应利率变动幅度
非常优秀（S1）	5BP
良好（S2）	3BP
正常（S3）	0BP
不及预期（S4）	–3BP
较差（NS）	–5BP

资料来源：《北京市基础设施投资有限公司 2018 年度第一期中期票据（社会效应债券）募集说明书》。

该债券创新性的付息机制设计有效实现了债券投资价值和社会效益的捆

绑，即社会效益改善可以直接提高投资收益，继而刺激更多的投资者参与社会影响力债券投资，形成正向循环激励，值得借鉴（见图 9 - 2）。

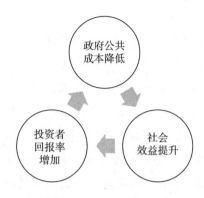

图 9 - 2 北京市基础设施投资有限公司 2018 年度第一期
中期票据（社会效应债券）积极效应循环示意

（资料来源：根据公开资料整理）

第二节 蓝色债券①

我国作为海洋大国，坐拥 1.8 万千米海岸线以及丰富的海洋物产及各类资源，蓝色经济常年保持稳定增长，2018 年海洋可再生能源利用、海洋生物医药、海水利用等新兴产业增速更是高达 10.4%。然而，蓝色资源开发难度大、海洋污染治理运营周期长、海洋生物保护经济效益低，资本逐利又进一步限制了海洋污染治理和蓝色经济可持续发展的空间。作为可持续发展融资工具中的后起之秀，蓝色债券有望通过对责任投资的吸引、对期限错配的协调、对经济效益的创新分配，为蓝色经济的发展提供强有力的支持。

一、蓝色债券发展概览

2018 年世界银行发行了首只蓝色债券，蓝色债券市场正式启动。蓝色债券作为一种创新型金融工具，其作用在于通过金融工具支持海洋污染治理，可持续发展蓝色经济、开发蓝色资源。由于蓝色债券的出现，使私人资本参

---

① 云祉婷，刘元博. 蓝色债券的国际创新实践及在中国发展的建议［EB/OL］.（2019 - 10 - 29）. http：//iigf. cufe. cn/article/content. html？id = 1780.

与海洋资源的开发成为可能。

（一）发展基础

蓝色债券的发展基础聚焦海洋污染治理及海洋经济的可持续发展。从海洋污染来看，过度捕捞、海平面上升、海洋垃圾岛等问题日益严重，海洋环境的综合治理成为全球可持续发展的一大痛点。多个沿海国家，特别是经济重度依赖海洋资源的发展中国家，面临如何协同海洋资源保护性开发及已有海洋污染治理的困境，需要负担高昂的治理成本，为此，联合国可持续发展目标已将保护水资源和水下生物问题列入其中，展示了海洋治理的决心。从海洋经济可持续发展方向来看，参照世界银行的分类标准，蓝色经济包含六大类经济活动：海洋可再生能源、渔业、海洋运输、旅游业、应对气候变化及海洋垃圾处理。据世界经济论坛（World Economic Forum）估计，蓝色经济年产值可达1.5万亿美元，大致相当于全球第七大经济体的体量。可见蓝色经济蕴含巨大发展潜力。随着人类对于海洋的不断重视，可持续发展的理念不断深入人心，未来蓝色经济总体供给规模仍将进一步扩大。

全球大部分海洋面积属于公海，根据《联合国海洋法公约》，公海供所有国家平等地使用。由于各国财政及相关政策的差异，与海洋污染治理相关的公共服务总供给不足。现有公共产品多基于各国对其领海治理的需要，呈现近海域丰富而远海域贫乏的特点。蓝色债券通过引导私人资本参与公共海域治理，在一定程度上为化解海洋公共服务供需不对等的局面提供了金融解决方案。

（二）发行情况

2018年9月，世界银行发行了首只"蓝色债券"，计划在7年内筹集30亿美元资金，用于提升公众对于海洋和水资源的认识，以支持《联合国2030年可持续发展议程》相关目标的实现，其主要欧洲投资者包括瑞典国家养老储备基金、瑞士银行、瑞典北欧斯安银行等。该蓝色债券为可持续发展债券，不同于一般债券用于支持实际项目，该债券主要用于增强人们对于海洋健康及清洁水源需求的认识，提升全球投资者对于水资源风险和海洋保护必要性的认识，即从意识形态层面推动蓝色债券市场的建立与发展。注重蓝色领域的同时更关注蓝色意识，体现了世界银行作为多边开发机构对于责任投资的引领作用。随后，世界银行协助塞舌尔于2018年10月发行了全球首只蓝色主权债券，总额为1500万美元，募集资金将用于扩建该国海洋保护区、改善重点渔业的管理及发展蓝色经济。

2019年1月24日，北欧投资银行（Nordic Investment Bank，NIB）发行了该机构历史上首只"北欧—波罗的海"蓝色债券。这只债券为5年期，票面利率为0.375%，发行总额达20亿瑞典克朗（约合2.07亿美元），募集资金将用于投资水资源管理和保护项目。值得一提的是，由于缺乏专门标准，该蓝色债券外部评估采取了绿色债券认证框架，增加了认证难度。

全球仅发行了3只贴标蓝色债券，发行总规模为18.32亿美元，其募集资金用途均用于海洋污染治及海洋垃圾处理。但相比于全球海洋治理所需的规模，目前的债券发行量仍属杯水车薪。值得一提的是，3只债券的发行过程中均有国际政策性银行和海洋保护相关的非政府组织的参与，可见蓝色债券作为新兴概念仍处在由多边开发机构和相关组织引导、尚未形成市场化标准化运作模式的阶段。由于蓝色债券出现时间较短，国际上尚未出现一个专门针对蓝色债券的发行标准，因此这3只蓝色债券大多参照绿色债券框架下的海洋相关条目发行。

二、蓝色债券国内发展潜力

我国作为海洋大国，蓝色经济常年保持稳定增长，海洋污染治理步伐加快，将为蓝色债券的发展奠定雄厚的基础。

中国经济步入刘易斯拐点，蓝色经济增势明显。刘易斯拐点即国家由劳动力过剩到短缺的转折点，也是经济发展的转型点。目前我国人口老龄化和人口红利消退已成为既成趋势，而2019年下半年，中美贸易摩擦加剧、中小银行去杠杆、金融监管"补短板"的态势使得中小银行资产端扩张能力下降，继而影响社会融资增速。房地产政策收紧，房地产销售和投资增长或将下行，减税效果有限、消费信贷降温可能导致居民部门总现金流增长减速。多重压力之下，我国经济转型步伐加快，稳增长难度升级，在基建、土地、消费等传统经济驱动因素增长有限的情况下，有必要寻找新的经济增长点。

我国拥有1.8万千米的海岸线、300万平方公里的海洋专属经济区，位居世界第三。东海、黄海海域渔业资源丰富，南海也有大批油气探明，此外还有锰结核等矿物资源，蓝色资源相当丰富，蓝色经济发展潜力巨大。从经济增长情况来看，2011 年至 2018 年中国海洋经济发展指数从 105.4 增长到131.3，年均增长 3.5%，其中 2018 年增长 3.2%。海洋经济总体保持平稳，发展质量进一步提升。进一步开发蓝色资源，发展蓝色经济有助于带动一系列海洋相关产业的发展，成为中国经济增长新的着力点，也为蓝色债券发行提供了足够的市场空间。

中国绿色债券已具备成熟模式，可为蓝色债券发展提供有效示范。自2015 年末贴标绿色债券市场启动以来，我国绿色债券市场保持高速增长，持续位列全球绿色债券发行量最大的国家之一。中国是最早建立完善绿色金融政策体系的国家，在绿色债券市场建设方面，央行发布《绿色债券项目支持目录（2015 年版）》和发改委发布《绿色产业指导目录》，对绿色债券支持项目做出了全面规定。此外，针对不同债种，我国对绿色债券的第三方认证、募集资金使用要求和信息披露规则也做出了明确规定，并伴随市场的发展逐步精细化、规范化，政策体系完备，市场实践效果显著。

绿色债券市场的发展模式尽管仍有改善空间，但整体架构已在几年的市场探索中逐步成熟，具备复制推广到蓝色债券上的市场基础。结合蓝色经济的发展特点和蓝色债券的募集资金使用属性，我国有望探索建立明确的蓝债项目支持目录、完善的发行规范及流程、透明的评估认证及信息披露体系，继而形成较为专业、成熟的蓝色债券发行市场，为满足我国蓝色经济发展需要和蓝色融资需求提供助力。

三、展望与建议

蓝色债券目前尚属新兴概念。针对蓝色经济的整体发展步伐以及蓝色融资需求向蓝色债券发行的转化，本节提出以下展望与建议。

第一，提升海洋污染治理水平、可持续发展蓝色经济，创建蓝色债券在中国发展的应用场景。海洋污染治理进程的持续推进以及蓝色经济的可持续发展是蓝色债券广泛发行的基础，可通过建立蓝色经济试验区，通过试验区带动海洋污染治理及蓝色经济整体发展水平。在已有山东半岛蓝色经济区的基础上，进一步因地制宜，根据各地方特色选取有潜力的区域进行蓝色经济试点。值得一提的是，海南省作为中国对海洋经济依赖程度高、海洋资源最丰富的省份，已优先布局蓝色经济发展，借助其资源和区位优势，展开与东盟国家的高质量对外合作。应在现有的蓝色经济区进行蓝色债券发展试点，并借鉴该区域的成功经验进行推广。

第二，根据国际上对于蓝色经济的定义和内涵，建立并完善蓝色债券标准。目前已发行的蓝色债券大多是参照绿色债券框架中海洋保护相关的条目进行发行和认证。然而，由于蓝色经济在概念上的不同，蓝色债券需要专门的认定标准和发行框架。因此，应建立并完善蓝色债券标准，为蓝色债券的发行认证和资金追溯提供政策依据。

第三，通过多部门的政策合力，培育蓝色债券发行主体，储备蓝色项目资源。蓝色经济的发展和蓝色债券市场的成长需政策体系间的合力推动，通过宏观审慎体系纳入对银行业金融机构投资蓝色经济的考量，通过银保监会等微观审慎主体鼓励发行蓝色债券并提倡品种创新，通过地方财税系统对蓝色经济予以定向支持，通过地方产业政策前瞻布局蓝色领域，最终实现地方对蓝色经济的实际发展需要与蓝色项目的充足储备，以庞大的蓝色融资需求推动蓝色债券市场启动和高质量发展。

第四，鼓励蓝色债券品种创新。应鼓励更多的海洋相关企业和金融机构参与蓝色债券发行，可以提升整体发行能力，有效扩大蓝色债券市场。同时，目前国际上已有的蓝色债券品种和发行主体单一，应鼓励蓝色债券品种创新，如发行蓝色社会影响力债券。将海洋治理的实际操作交给大自然保护协会（The Nature Conservancy，TNC）这类的非政府组织，同时也可以吸引更多的投资者参与投资，并吸收更多的私人资本参与到海洋治理和蓝色经济中。

第三节　可持续发展债券[①]

可持续发展是指既能满足当代人的需要，又不对后代人满足其需要的能力构成危害的发展。目前，可持续发展理念已成为世界各国的共同语言。尽管各国的资源禀赋、发展阶段和要素特征不尽相同，但都面临着资源日趋枯

---

① 云祉婷. 可持续发展债券的实践路径及前景分析［EB/OL］.（2019 - 12 - 23）. https：// mp. weixin. qq. com/s/Fl746S6oy3UKyvqoJutsaw.

竭、环境破坏严重、贫富差距增大等多重危机。上述问题既是各国亟须面对并解决的痛点，也是全人类实现可持续发展共同面临的难点。

可持续发展债券作为创新型融资工具，支持项目范围广泛覆盖了当下绿色债券和社会债券所支持的内容，可与现行债券品种充分结合。目前已发行可持续发展债券包括金融债券、非金融企业债务融资工具等，未来可通过公司债券、企业债券、地方政府债券、资产证券化等多品种、多期限以及多样化的付息机制安排，借助多层次资本市场满足发行主体的融资需要。本节从可持续发展理念的演进出发，介绍可持续债券的国内外市场实践。

一、可持续发展债券国际概览

可持续发展的概念最早出现于 1980 年由世界自然保护联盟（IUCN）、联合国环境规划署（UNEP）和野生动物基金会（WWF）共同发表的《世界自然保护大纲》中，历经多年的演进与发展，在 2015 年联合国可持续发展峰会中，193 个成员国在峰会上正式通过 17 个可持续发展目标（Sustainable Development Goals，SDGs），覆盖了温饱问题、人权问题、生态问题、资源问题、和平问题等多个领域，为各国的可持续发展实践提供了框架性指引。从目前的国际实践来看，由于各国面临的发展问题不同，可持续发展涉及领域不断更新及扩充，妇女的人权问题、儿童的健康与营养供给、粮食的生产与浪费、海洋垃圾治理等也被纳入可持续发展支持范围。

图 9 – 3　17 个可持续发展目标

（资料来源：联合国可持续发展目标网站）

由于可持续概念内涵丰富，可持续发展债券涉及的领域相对广泛。国际市场在联合国的框架指导下和多边开发机构的实践引领下，发布了可持续发展债券的明确标准，并在其品种设计、资金投向等方面建立了丰富的发行经验。

2017 年 6 月，国际资本市场协会（ICMA）首次对外发布《可持续发展债券指引原则（2017 年版)》（以下简称《指引》），界定了可持续发展债券的定义，明确可持续发展债券的拟投项目应同时符合《绿色债券原则》及《社会债券原则》支持范围，并对可持续发展债券募集资金的使用、项目评估及筛选流程、资金管理和信息披露进行了相关规定。

从国际实践来看，可持续领域相关的债券发行实际上远远早于《指引》的出台，多边开发银行在其中发挥了重要作用。欧洲投资银行 2007 年发行全球首单气候意识债券，并于 2018 年 6 月专门发行了可持续意识债券，用于进一步推动全球可持续发展理念及相关项目。

世界银行成立 70 多年来广泛投资于全球各地的可持续发展项目，覆盖妇女儿童权益、生态保护、公众营养与健康状况、气候变暖等多个领域，并表示其所有发行的债券均与实现人类可持续发展相关。世界银行不仅发挥自身优势广泛支持各国可持续发展项目，对于可持续发展债券的创新性也进行了充分探索。以其在 2019 年 4 月发行的 3 年期可持续发展债券为例，其募集资金 1000 万美元均用于治理海洋塑料垃圾，该债券采取了渐进式付息安排，债券存续期内的票息分别为首年 2.35%、第二年 2.7%、第三年 3.15%，旨在鼓励投资者长期参与海洋污染治理并从中获得更高回报。除此之外，世界银行对于可持续发展债券的付息机制还包括零息、固定期限掉期、区间累计期权、反向浮动利率等多种创新安排，为充分结合可持续发展项目的回报特点、采取较为匹配的付息安排提供了丰富的创新实践参考。

二、可持续发展债券国内前景

（一）发展背景

从可持续发展理念来看，我国早在 1995 年就将可持续发展作为国家的基本战略，并从经济、社会和生态的各个领域不断提高其战略地位。

这些年来，我国扶贫债券、绿色信贷、绿色债券等针对可持续发展领域的金融产品日渐完善，但仍然无法全面满足精准脱贫、环境污染治理、生态保护、资源节约利用等产业的融资需要，在客观上为创新性金融产品的开发和发展预留了充足的空间。我国早在2016年1月启动境内贴标绿色债券市场，2016年4月开始发行地方政府扶贫专项债。截至目前，我国已形成相对完善的配套政策体系，对于绿色债券和扶贫债券的发行规范、募集资金使用等有了较为明确的规定。从市场实践来看，三年来我国境内累计发行绿色债券超过8000亿元，发行扶贫专项债超过6000亿元，为可持续债券的发展创造了坚实的基础，也预留了充分的发展空间。

（二）概念及市场实践

根据国际资本市场协会《可持续发展债券指引》，可持续发展债券应在具备绿色属性的基础上产生社会效应，从目前的实践情况来看，我国尽管尚未明确可持续发展债券的标准，但债券市场对于可持续发展的实际支持已具备了一定基础，在经济绿色转型、精准扶贫、生态保护等多个领域发行了大量债券并保持持续增长态势。目前，由于我国绿色债券市场相对成熟，已发行的可持续发展债券均沿用了绿色债券发行框架，区别在于可持续募集资金支持项目在具有显著环境效益的同时，有利于解决社会问题，产生社会效应。从发行情况来看，我国可持续债券发行量总体较少，发行主体集中于大型国有商业银行及政策性银行。

2018年6月，中国银行在香港联交所发行了30亿港元的可持续发展债券，募集资金将用于对接清洁交通、清洁能源等绿色信贷项目，以及国家助学贷款、个人创业担保贷款等普惠金融项目，开启了我国发行可持续发展债券的先河。随后，建设银行、国家开发银行相继发行了同类债券。

2018年11月，南京浦口康居发行了首只非金融企业可持续发展债务融资工具，募集资金用于当地保障住房建设，扩大了可持续债券的发行主体和应用场景。值得一提的是，2019年11月国开行发行的首单可持续发展专题"债券通"绿色金融债券首次亮相柜台市场，承办银行通过其营业网点和电子渠道向社会公众零售该债券，为提升可持续发展债券的社会认知程度和公众参与度提供了良好的范例。

三、展望与建议

可持续发展债券具备多重比较优势，是借助多层次资本市场满足发行主体融资需要的创新工具。然而，可持续发展债券仍受到市场基础设施不完善的制约。目前我国尚无明确的标准体系，境外发行的可持续金融债一般参照 ICMA 发布的《可持续发展债券指引原则（2017 年版）》，境内债券在我国绿色债券发行框架下发行。标准的缺乏增加了可持续发展债券认证的难度，也不利于对其募集资金投向的充分披露及使用追溯，对此本节提出以下建议。

第一，通过宏观审慎体系对商业银行可持续金融展业情况进行量化考核，引导金融机构对可持续发展的深度参与。目前在我国的宏观审慎评估体系当中，尚未加入与银行在可持续金融方面业绩情况的考核，没有相关的宏观激励政策支持商业银行进行可持续业务。从这一角度来看，可以仿照绿色债券，将可持续债券、可持续信贷等相关金融业绩纳入宏观审慎评估体系中。通过顶层设计引导金融机构广泛参与可持续发展，更好地履行社会责任，提升市场积极性。

第二，加强可持续金融市场基础设施建设，明确可持续发展债券标准。目前我国的可持续债券整体处在绿色债券框架之下，尚未形成涵盖专门分类标准、发行流程、认证规范的政策体系。从实践角度来看，可持续发展项目涉及的领域相比于绿色产业更为广泛，出台明确的分类标准对于可持续债券的进一步发展具有重要意义。此外，目前我国的债券品种仍有较大的创新空间，结合可持续债券具备较强的正外部性、较长的投资周期性等特点，应进一步鼓励市场创新，建立多样化的付息机制和产品设计，满足市场投融资需要。如世界银行针对社会扶贫等项目采取了量化考核指标，并将可持续发展债券与该指标的表现相挂钩，形成社会效益增强，债券回报较高，社会总成本得以实现的良性循环。

第三，加强国际互动，通过金融机构主体实践争取国际更大共识。可持续发展是世界各国共同的目标，也是中国与国际市场对话的语言。近年来，中国在惠民生、精准扶贫、生态文明建设等事关人类可持续发展的领域取得了优异的成绩，同时充分发挥大国担当，为"一带一路"倡议沿线国家等绿色基础设施建设和清洁能源升级提供了较大帮助。未来应进一步加强中国与国际市场间的对话，通过商业银行等金融机构在境外发行相关债券，充分借鉴国际发行经验，同时引导国际资本参与中国可持续发展建设，以资本流动形成各国理念之间的互认。

第十章　大事记

政策篇

时间	发布主体	事件
中央政策		
2019年1月10日	国务院	国务院发布《建立市场化、多元化生态保护补偿机制行动计划》，积极推进市场化、多元化生态保护补偿机制建设。计划到2022年，市场化、多元化生态保护补偿水平明显提升，生态保护补偿市场体系进一步完善
2019年3月6日	国家发改委、人民银行等七部委	国家发改委、人民银行等七部委联合发布《绿色产业指导目录（2019年版）》。有助于推动绿色债券指数、绿色债券评估等以绿色债券为基础的产品和服务标准的全面制定、更新和修订，为绿色债券激励等政策的出台和落地奠定了基础，有助于推动绿色企业标准的建立
2019年5月3日	国务院	国务院发布《关于健全生态保护补偿机制的意见》，要求健全生态保护市场体系，完善生态产品价格形成机制，使保护者通过生态产品的交易获得收益，发挥市场机制促进生态保护的积极作用；建立用水权、排污权、碳排放权初始分配制度，培育和发展交易平台等多项政策意见
2019年5月13日	人民银行	人民银行发布《关于支持绿色金融改革创新试验区发行绿色债务融资工具的通知》。明确支持试验区内企业注册发行绿色债务融资工具，鼓励试验区内承担绿色项目建设且满足一定条件的城市基础设施建设类企业作为发行人，注册发行绿色债务融资工具用于绿色项目建设
2019年5月14日	国家发改委、科技部	国家发改委、科技部发布《关于构建市场导向的绿色技术创新体系的指导意见》。明确了培育壮大绿色技术创新主体、强化绿色技术创新的导向机制、推进绿色技术创新成果转化示范应用等七个方面的内容，并给出了构建绿色技术创新体系中各部门的具体分工和时间表
2019年9月22日	国务院	国务院发布《关于加强和规范事中事后监管的指导意见》，指出要精简整合强制性标准，重点加强安全、卫生、节能、环保等领域的标准建设，优化强制性标准底线，并要求进一步加强质量认证体系建设，对涉及安全、健康、环保等方面的产品依法实施强制性认证

续表

时间	发布主体	事件
中央政策		
2019 年 11 月 19 日	人民银行	人民银行发布《中国绿色金融发展报告（2018）》，对 2018 年我国绿色金融发展情况进行了全面总结，并表示绿色金融工作将从加强理论研究、构建标准体系、完善制度环境、鼓励绿色金融产品以及服务创新和参与全球经济金融治理五个方面展开
2019 年 11 月 28 日	人民银行等六部委	人民银行等六部委发布《甘肃省兰州新区建设绿色金融改革创新试验区总体方案》。确立兰州新区绿色金融特点——新、快、绿、优，将把兰州新区绿色金融改革创试验区打造成全省金融支持生态产业发展的"新支点"，为西部地区树立绿色、可持续发展典范
2019 年 12 月 18 日	香港联交所	香港联交所发布《有关检讨"〈环境、社会及管治报告指引〉及相关〈上市规则〉条文"的咨询总结》，并发布其对上市发行人环境、社会及管治披露情况的最新审阅结果，按所收到的意见作适当修订后，全盘落实咨询文件提出的建议
地方政策		
2019 年 1 月 8 日	广东省深圳市政府	广东省深圳市政府发布《深圳市人民政府关于构建绿色金融体系的实施意见》。提出深圳市应支持绿色信贷创新发展，鼓励资本市场支持绿色产业发展，推动保险市场支持绿色产业发展等要求
2019 年 7 月 16 日	广东省广州市政府	广东省广州市政府发布《广州市人民政府办公厅关于促进广州绿色金融改革创新发展的实施意见》。意味着广州市人民政府决定在广州范围内实施绿色金融制度，增加了多项可利用的金融政策工具
2019 年 7 月 30 日	国家发改委、河北省政府	国家发改委、河北省政府发布《张家口首都水源涵养功能区和生态环境支撑区建设规划（2019—2035 年）》。主要涉及加强生态空间管控、提升水源涵养功能、增强林草湿地系统功能、实施矿山综合整治、优化发展绿色产业、推进城乡融合绿色发展以及构建绿色发展基础支撑等方面
2019 年 8 月 5 日	河北省自然资源厅	河北省自然资源厅发布《关于统筹推进自然资源资产产权制度改革的实施意见》。提出要健全自然资源资产产权体系，加快推进建设用地地上、地表和地下分别设立使用权，促进空间合理开发利用，并在雄安新区开展立体分层供地试点

时间	发布主体	事件
地方政策		
2019 年 8 月 16 日	江苏省生态环境厅、省地方金融监督管理局、省财政厅等七部门	江苏省生态环境厅、省地方金融监督管理局、省财政厅等七部门联合发布《江苏省绿色债券贴息政策实施细则（试行）》《江苏省绿色产业企业发行上市奖励政策实施细则（试行）》《江苏省环境污染责任保险费补贴政策实施细则（试行）》《江苏省绿色担保奖补政策实施细则（试行）》4 个文件，明确绿色债券贴息、绿色产业企业上市奖励、环责险保费补贴、绿色担保奖补等政策的支持对象、奖补金额及申请程序，推进企业绿色发展
2019 年 9 月 22 日	吉林省政府	吉林省政府发布《关于推动绿色金融发展的若干意见（征求意见稿）》。指出针对生态保护与绿色发展领域激励政策不足，绿色金融产品缺失等突出问题采取针对性措施，要发挥政府、企业、金融机构等主体合力，综合运用金融、财政、价格等政策手段，统筹推进绿色金融发展
2019 年 11 月 18 日	人民银行广西壮族自治区南宁中心支行	人民银行广西壮族自治区南宁中心支行牵头制订并发布《广西壮族自治区绿色金融改革创新实施方案》，标志着广西绿色金融改革创新示范区创建工作正式启动。要求通过 5 年左右的时间，逐步提高绿色信贷、绿色债券等在社会融资规模中的占比，基本建立多层次绿色金融体系，初步形成辐射面广、影响力强的绿色金融服务体系，探索形成可复制、可推广经验
2019 年 12 月 21 日	人民银行江苏省湖州市中心支行	人民银行江苏省湖州市中心支行发布《区域绿色金融发展指数评价规范》，标准规定了湖州市绿色金融发展指数评价相关的术语和定义、评价原则、评价指标体系、评价指标量化方法等内容，建立了统一的绿色金融发展指数评价指标体系和指标量化监测方法

资料来源：中央财经大学绿色金融国际研究院，中国金融信息网。

市场篇

时间	事件
2019 年 3 月 7 日	广东省深圳能源集团股份有限公司在深交所上市首单债券通绿色企业债——19 深能 G1，发行总额为 16.5 亿元，募集资金主要用于发行人深圳能源下属垃圾发电项目建设和补充营运资金

续表

时间	事件
2019 年 3 月 15 日	"广发恒进—广州地铁集团地铁客运收费收益权 2019 年第一期绿色资产支持专项计划"发行，发行总额为 31.58 亿元，是六大国家级绿色金融改革创新试验区的首笔绿色 ABN、首单"三绿"ABN 产品、以轨道交通客票收入作为基础资产的首单 ABN 和首单 ABS（储架）项目
2019 年 3 月 22 日	山东省黄金矿业股份有限公司发行全国首单绿色矿山债券，发行规模为 10 亿元。该债券期限 3 年，募集资金全部用于绿色矿山建设项目
2019 年 3 月 27 日	上海证券交易所与卢森堡证券交易所举行绿色债券信息通合作协议补充协议签署仪式，正式启动绿色债券动向展示，为资本市场绿色金融国际合作提供了新的典范
2019 年 4 月 10 日	中国长江三峡集团有限公司发行 200 亿元绿色可交换债，是全国首单绿色可交换公司债券，募集资金主要用于支持集团乌东德、白鹤滩两大水电站建设
2019 年 4 月 16 日	中国工商银行新加坡分行发行 22 亿美元全球首笔绿色"一带一路"银行间常态化合作债券。该债券的发行既支持发展绿色项目，又致力于引入与工商银行有共同绿色"一带一路"理念的投资者
2019 年 4 月 19 日	华能天成租赁发行"华能天成融资租赁有限公司 2019 年度第一期绿色定向债务融资工具"，是租赁行业首单通过绿色主体认证的绿色债券。该债券发行总额为 5 亿元，期限为 3 年，募集资金主要用于绿色产业领域
2019 年 5 月 4 日	重庆市南州水务（集团）有限公司发行 1.8 亿元绿色定向债务融资工具，是重庆市首单绿色债务融资工具。募集资金主要用于支持綦江区保持水体清洁、改善灌溉条件、保障粮食生产等相关工程
2019 年 5 月 22 日	香港特区政府发行"政府绿色债券计划"下的首批绿色债券，发行总额为 10 亿美元，期限为 5 年，募集资金拨入基本工程储备基金，为具有环境效益和推动香港可持续发展的公共工程提供资金
2019 年 6 月 12 日	湖北省宜昌建投集团申报的 10 年期 10 亿元长江大保护专项绿色债券正式获批。该期债券是全国首单具有长江大保护和长江经济带开发意义的绿色债券，也是全国首单交通运输领域长江大保护专项绿色债券和全国首只多式联运项目专项绿色债券
2019 年 6 月 18 日	江西省赣江新区绿色市政专项债券（一期）在上交所上市，是全国首单绿色市政专项债，本期发行额为 3 亿元，超额认购超 12 倍。该绿色市政专项债券计划募集专项资金为 12.5 亿元，分三期发行

时间	事件
2019 年 8 月 14 日	浙江省杭州联合银行在银行间债券市场发行 2019 年第一期绿色金融债券，是该行发行的首单绿色金融债，也是杭州农信系统首单绿色金融债券。该债券发行总额为 3 亿元，期限 3 年，募集资金专项用于绿色产业项目投放
2019 年 8 月 15 日	上海市陆家嘴金融城推出国内首只基于 MSCI ESG 评级指数型基金——"华宝 MSCI 中国 A 股国际通 ESG 通用指数基金"
2019 年 9 月 5 日	中国清洁发展机制基金管理中心、福建省财政厅与兴业银行签署"绿色创新投资业务"合作协议，共同构建清洁发展绿色融资创新模式，助力各地绿色低碳转型，并在温州实现了浙江省内首单该合作模式下的项目落地
2019 年 9 月 26 日	龙源电力集团股份有限公司发行中国首单绿色＋扶贫债务融资工具——龙源电力集团股份有限公司 2019 年度第一期绿色超短期融资券（扶贫）。本期债券发行规模为 5 亿元，期限 270 天，募集资金全部用于清洁能源风力发电项目，并专项投向国家级贫困县贵州省威宁彝族回族苗族自治县的项目建设
2019 年 10 月 30 日	中国农业发展银行发行首笔政策性银行"粤港澳大湾区"主题绿色金融债券。该债券为境外 3 年期、5 年期固息人民币债券，发行总额为 55 亿元，将在香港联交所、中华（澳门）金融资产交易股份有限公司、卢森堡证券交易所、伦敦证券交易所、中欧国际交易所五地上市，募集资金主要投放于农发行广东省分行有关绿色信贷项目，助力大湾区环境保护和生态修复
2019 年 11 月 12 日	国家开发银行面向全球投资人发行首单可持续发展专题"债券通"绿色金融债券，募集资金将用于重庆市林业生态建设暨国家储备林项目等，专项支持长江大保护及绿色发展的绿色项目
2019 年 11 月 13 日	工银租赁发行 6 亿美元境外绿色债券，是国际资本市场首只中资金融租赁绿色债券。该债券实现逾 5 倍超额认购，募集资金部分用于可再生能源、低碳低排放交通和可持续水资源等方面
2019 年 12 月 12 日	绿色气候基金（GCF）批准出资 1 亿美元支持亚洲开发银行山东绿色项目，是中国获得的首笔 GCF 资金。该笔资金将帮助设立山东省绿色发展基金，为减缓和适应气候变化首次尝试吸引私营部门、机构和商业融资

资料来源：中央财经大学绿色金融国际研究院，中国金融信息网。

国际交流与学术会议篇

时间	事件
2019 年 1 月 14 日	由广东省地方金融监督管理局、广州市金融工作局指导，广州金融发展服务中心、广州金交会投资管理有限公司、广州碳排放权交易所联合主办的"2019 穗港澳金融合作推介会"在香港举行。会议达成多项共识，有助于引导银行、保险、证券、基金等金融资源在湾区集聚
2019 年 1 月 22 日	央行绿色金融网络（NGFS）常务理事会议在墨西哥城举办，来自 24 个拉美国家央行和金融监管机构的 130 多位代表参加了此次研讨会。其间，中国金融学会绿色金融专业委员会主任、中国人民银行行长特别顾问马骏以 NGFS 监管工作组主席的身份参加了美洲绿色金融研讨会。在此次会议中，NGFS 建议各国强化环境信息披露等"绿色支持措施"
2019 年 5 月 18 日	由绿金委主办的"2019 中国金融学会绿色金融专业委员会年会暨中国绿色金融论坛"在北京举行，来自绿金委 220 多家成员单位、70 多家相关单位和逾 70 家媒体的代表参加了会议。在本次年会上，《2018 年中英金融机构环境信息披露进展报告》等多项成果发布
2019 年 5 月 25 日	由复旦大学发展研究院主办、复旦大学泛海国际金融学院等共同承办的绿色金融发展与长三角一体化高峰圆桌会议——上海论坛 2019 在沪举行。会议汇聚政产学研各界 17 位重量级嘉宾，共商区域绿色金融一体化发展与"美丽长三角"建设
2019 年 7 月 19 日	香港品质保证局与陕西省地方金融监督管理局等各方共同举办"绿色金融丝路论坛 2019"，为陕港交流搭建桥梁。陕港两地领导、企业精英与金融机构高层一起交流讨论，促进区域性和国际性的绿色金融合作
2019 年 7 月 20 日	由山东大学经济学院主办的"2019 绿色金融和低碳经济国际研讨会"举行。来自北京大学、清华大学、CICERO 国际气候研究中心等高校和研究机构的 16 位中外学者围绕可持续性和环境法规、企业绩效与绿色意识等六个议题进行了专题报告，并与参会专家学者进行了深入探讨
2019 年 8 月 8 日	由国家节能中心、德国国际合作机构（GIZ）、德国能源署共同主办的"中德节能诊断项目技术对接及绿色金融研讨会"在青岛国际经济合作区（中德生态园）召开。会议表示，近年来，我国节能工作取得积极成效，但能耗能效水平与发达国家仍存在较大差距，需加强国际合作、发展绿色金融，实现可持续发展

时间	事件
2019 年 8 月 16 日	"一带一路"绿色投资原则（GIP）第一次全体会议在北京举行。会议决定，设立"环境和气候风险评估""环境和气候信息披露""绿色金融产品创新"三个工作组，在总结最佳实践的基础上，开发工具、方法和标准，供 GIP 签署方和其他相关方使用
2019 年 9 月 3 日	亚洲金融合作协会绿色金融国际论坛（伦敦）暨《亚金协绿色金融实践报告（2019 年）》发布会在伦敦举行。来自亚金协会员单位及中英两国的金融界人士共同分享绿色金融实践经验，为中英共建"一带一路"提供"新机遇"，为完善全球金融治理贡献"新思路"
2019 年 9 月 15 日	由中央财经大学绿金院、卢森堡证券交易所、中国建设银行联合主办的"中央财经大学绿色金融国际研究院 2019 年会暨中国绿色金融与国际市场高层对话论坛"在北京举办。会上，绿金院发布了地方绿色金融发展指数、绿色股票指数、绿色债券发展报告、环境权益市场报告、多边开发银行潜力报告、"一带一路"绿色城市交通融资研究等多项成果
2019 年 9 月 17 日	由中国—东盟环境保护合作中心与广西壮族自治区生态环境厅共同举办的"中国—东盟环境合作论坛"开幕。会议推动双方达成项目意向，帮助双方项目落地，在沿海城市生物多样性保护与城市（微）塑料垃圾防治领域，特别是减塑问题上达成重要共识
2019 年 9 月 23 日	香港绿色金融协会在香港举行了"2019 年度论坛"。协会宣布将成立"大湾区绿色金融联盟"，融合广东巨大的绿色投资需求、香港和澳门的绿色金融实力，孵化惠及大湾区的绿色投资项目
2019 年 10 月 10 日	C40 城市气候领导联盟市长峰会在丹麦哥本哈根举行。峰会颁发 7 个类别的"城市奖"，其中我国广州市因成功发展和推广纯电动公交车项目获得城市"绿色技术"奖项
2019 年 11 月 4 日	由商务部、人民银行、银保监会、证监会、新加坡贸易与工业部、新加坡金融管理局、重庆市政府共同主办的 2019 中新战略性互联互通示范项目金融峰会分论坛——"绿色金融助推绿色发展"举行。会上，各方探讨了如何通过金融手段推进生态发展，30 余家机构和企业签署了绿色债券、绿色信贷合作项目，总计 14 项，累计资金超过 600 亿元
2019 年 11 月 28 日	中国绿金委和巴黎欧洲金融市场协会（Finance for Tomorrow，F4T）在法国巴黎举办第二届中法绿色金融联席会议。会议讨论了绿色资产风险权重、环境信息披露、"一带一路"绿色投资原则（GIP）和绿色投资，以及绿色金融科技等议题，并举办了 GIP 新成员签署仪式

续表

时间	事件
2019 年 12 月 11 日	由伦敦金融城主办的 2019 年英中绿色金融会议在伦敦召开。来自中国银行、中国工商银行、英格兰银行、伦敦证券交易所、汇丰银行等金融机构的专家、投资者参加了此次活动，围绕环境、社会和公司治理投资、绿色资本市场等主题展开讨论

资料来源：中央财经大学绿色金融国际研究院，中国金融信息网。